TERESA DE LISIEUX

A «PEQUENA VIA» PARA DEUS

3ª edição

Seleção e tradução
Emérico da Gama

@editoraquadrante
@editoraquadrante
@quadranteeditora
Quadrante

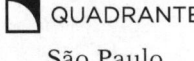

São Paulo
2023

Copyright © 2018 Quadrante Editora

Capa
Gabriela Haeitmann

Dados Internacionais de Catalogação na Publicação (CIP)

Lisieux, Teresa de
A «pequena via» para Deus / Teresa de Lisieux; seleção e tradução de Emérico da Gama — 3ª ed. — São Paulo : Quadrante, 2023.

ISBN: 978-85-7465-498-0

1. Espiritualidade 2. Pensamentos 3. Santos cristãos - Biografia 4. Teresa do Menino Jesus, Santa, 1873-1897 I. Título

CDD-225.92

Índice para catálogo sistemático:
1. Teresa do Menino Jesus : Biografia e obra 225.92

Todos os direitos reservados a
QUADRANTE EDITORA
Rua Bernardo da Veiga, 47 - Tel.: 3873-2270
CEP 01252-020 - São Paulo - SP
www.quadrante.com.br / atendimento@quadrante.com.br

SUMÁRIO

PREFÁCIO 5

DEUS AMA-NOS E, EM TROCA,
PEDE-NOS AMOR 19

A VIDA, UMA ENTREGA CONFIANTE.... 29

ORAÇÃO DE SIMPLICIDADE................... 41

A «PEQUENA VIA» DE INFÂNCIA
ESPIRITUAL 47

HUMILDADE E ABANDONO................... 59

SOFRIMENTO E ALEGRIA 69

ANSEIOS E LOUCURAS DE AMOR......... 81

GRAÇAS E PROVAS 87

VOCAÇÃO 95

SEDE DE ALMAS 103

CARIDADE 111

VERDADEIRA POBREZA 117

NOSSA SENHORA 121

PREFÁCIO

Conta Santa Teresa do Menino Jesus que, aos catorze anos, na noite de Natal de 1886, recebeu uma graça sem a qual teria sido incapaz de seguir a sua vocação para o Carmelo. Manifestava já então uma vida espiritual autêntica, mas demonstrava também uma grande imaturidade afetiva. Era hipersensível, chorava por menos que nada e mostrava uma exagerada necessidade de atenção e de aprovação da família.

Ao voltar da Missa do Galo desse ano, preparava-se alegremente para receber os tradicionais presentes. Enquanto subia a escada para deixar o chapéu, seu pai, o sr. Luis Martin, cansado ou talvez um pouco farto de ter de rodear de mimos a sua filha caçula, teve este desabafo: «Isto é infantil demais para uma moça da idade de Teresa. Será o último ano». Todos recearam que, ao ouvir essas palavras, Teresa desatasse a chorar, como de costume. Mas a futura santa percebeu nessa circunstância uma chamada de Deus: deixar de comportar-se como criança, dominar a sua emotividade. E desceu de cara feliz, como se não tivesse ouvido aquele comentário do pai. A partir daí — diz ela — «encontrei a força de alma que tinha perdido aos quatro anos e meio». A partir daí, pôde iniciar a sua «carreira de gigante» a caminho da santidade[1].

A devoção popular por Santa Teresa do Menino Jesus, que se espalhou com uma velocidade incrível pelo mundo inteiro, graças à sua tocante *História de uma alma*, pode porém deixar num segundo plano o que de heroico teve a sua «pequena via de infância espiritual». No dizer do seu biógrafo Henri Ghéon, a verdade é que «por baixo das rosas de açúcar e das nuvens de algodão-doce, por trás das florzinhas e dos diminutivos», das suas poesias cheias de emoção, o que se esconde é «a asceta do sacrifício contínuo, do corpo desgastado, de um coração em

---

[1] Cf. Jacques Philippe, *Appelés à la vie*, Éditions des Beatitudes, Paris.

frangalhos, de uma vontade inflexível, que viveu e morreu do excesso de um amor cujas doçuras ignorou»[2].

Nesta breve antologia de textos da Santa, a quase totalidade respigada dos seus *Manuscritos* — para os quais remetemos em bloco, reservando a menção da fonte para as *Cartas* e *Últimas conversas* —, é nosso desejo oferecer ao leitor alguns pontos de meditação que permitam penetrar um pouco nesse segredo da alma de Teresa, «semelhante em ardor, em vigor, se não em gênio poético, à que fez a glória de Teresa de Ávila»[3].

Toda a vida de Teresa de Lisieux foi uma verdadeira corrida de obstáculos. Teve de ganhar a pulso a sua admissão no convento do Carmelo; teve de vencer as dificuldades no relacionamento com as irmãs de clausura, as repreensões «quase contínuas» da Madre Priora; nunca a viram queixar-se do frio — um dos seus maiores tormentos — ou da comida; teve de sofrer o calvário do pai, vitimado por

---

(2) Henri Ghéon, *Teresa de Lisieux*, 2ª ed., Quadrante, São Paulo, 2018, p. 18.
(3) *Ibid.*

um derrame cerebral, ao longo de três anos; teve, sobretudo, de superar a aridez na oração, a contínua incapacidade de concentrar-se na ação de graças depois de comungar e nas orações vocais — doía-lhe muito rezar o terço distraída, apesar de tanto amor a Nossa Senhora! —; teve enfim de levar com garbo, com a alegria da sua natureza transbordante, a derradeira doença, no meio de tentações contra a fé e a esperança do céu, de cuja existência o maligno a fez duvidar até bem pouco antes de morrer, insinuando-lhe que a aguardava *a noite do nada*.

Como foi que superou essas provas? Vemos aflorar na sua vida, em tantos pormenores que é impossível resenhar aqui, a coragem de um espírito que se fez forte no meio das contrariedades, com uma plena aceitação dos desígnios de um Deus buscado como Pai amoroso e providente. Teresa fez seu um verso de São João da Cruz no qual o místico castelhano diz que o bom e o ruim se fazem ambos *do mesmo sabor*. Fez lema da sua existência um gesto de infância, de menina voluntariosa, quando a sua irmã Leônia lhe deu a escolher o que lhe agradasse de uma cesta com vestidinhos e rendas para enfeitar as suas bonecas:

Eu escolho tudo! E esse «escolher tudo», que nunca mais esqueceu, supôs para ela um esforço titânico por dominar o temperamento, os impulsos ávidos de aprovação e elogios.

Estamos acostumados, desde jovens, a ouvir falar da força de vontade necessária para abrir caminho ou subir na vida, com tudo o que isso acarreta de voluntarismo, de autoafirmação, de rivalidade competitiva, de política de resultados. Mas esquecemos que essa mesma energia — e em grau maior — se impõe quando se trata, não já de «vencermos na vida», mas de *nos vencermos* na mais decisiva — e mais difícil — de todas as batalhas, que é despojar-nos do fardo do egoísmo que entorpece a nossa realização como homens e cristãos cabais. Aqui está o campo por excelência do exercício da vontade, que requer uma energia mais férrea que a que se aplica em fins imediatos de sucesso, de posse, de aplausos à imagem ou simplesmente de autoestima. Quanta razão tinha alguém quando propunha este ponto de exame: «Enquanto você conquistava um império, tirou ao menos um dos seus defeitos?»

Teresa concentrou todos os esforços da sua vontade em combater-se a si mesma.

Mas enganar-nos-íamos se pensássemos que isso supôs nela uma luta espasmódica, feita à moda dos super-heróis, dos super-homens, para a qual a jovem carmelita não tinha nem campo nem forças. E aqui tocamos o outro segredo da sua vida.

O caminho que descobriu não foi o das grandes penitências, mas o da «pequena via», que consistiu em vencer-se ultrapassando as dificuldades, não por cima, mas *por baixo*, fazendo da sua pequenez a sua arma: propôs-se subir ao cume descendo ao vale. Quanto mais incapaz se sentia de imitar os grandes santos, mais se apercebia de que havia outro caminho para alcançar a intimidade com Deus. Impressiona ver como se acolhia ao pensamento de que «Deus é *justo*, quer dizer, tem em conta as nossas debilidades»; ou seja, precisamente por ser justo, não espera de nós esforços de adultos, mas o abandono das crianças no meio das suas fragilidades. Não era pouca ciência, e ela bebeu-a diretamente do Evangelho: *Se não vos fizerdes como crianças, não entrareis no reino dos céus*.

E eis que aquela que compreendera um dia que tinha de deixar os *modos* de criança mimada, agora reencontra no *espírito* de infância a via para Deus. Acodem-lhe à memória e à imaginação imagens belíssimas desse espírito. No Carmelo, terá por nome Teresa do *Menino Jesus*. Considerar-se-á sempre um brinquedo nas mãos desse Menino, para que faça dele o que quiser: divertir-se, ou abri-lo para ver o que tem dentro. Será como uma bola que o Menino arremessa ou chuta de cá para lá, ou que abandona num canto para cair no sono. Ter-se-á na conta de um filho a quem o pai vai tirando obstáculos do caminho antes de que esse pequeno se ponha a andar por ele. Não se impressionará nem desanimará com as suas fraquezas, antes a levarão para os braços de Deus. Quanto mais motivos descobrir em si para temer o olhar de Deus, mais dEle se aproximará. A confiança passa a ser o clima de todos os seus esforços.

Essa confiança apoiar-se-á no amor: na certeza de saber-se amada por Deus de um modo incondicional, e de, com a graça divina, poder também amá-lo, apesar das suas limitações. E foi apoiada nessa dupla certeza que alcançou a sua maturidade espiritual. Compara o amor de Deus por ela ao de um pai ou mãe que acaricia o seu filho pequeno, que o consola dos seus tropeços e jamais deixa de tê-lo no seu regaço. E, por sua vez, descobre em textos de São Paulo a sua vocação para o amor. Ao ler na primeira Epístola aos Coríntios que há na Igreja muitos dons — de profetas, de doutores, de taumaturgos etc. —, mas que o dom mais excelente é o do amor, compreendeu que, se a Igreja tem um corpo, composto de diversos membros, não lhe pode faltar o mais necessário e o mais nobre de todos: «Compreendi que a Igreja tem um coração, e que esse coração arde de amor, que é somente o amor que põe em movimento os membros da Igreja [...]. Então, no excesso da minha alegria, exclamei: Ó Jesus, por fim achei a minha vocação: a minha vocação é o amor». Era ser na Igreja *o coração*, que é a sede do amor.

Mas o amor de Teresa por Deus nada teve de comum com o amor-sentimento e, menos ainda, com o amor-egoísmo. Foi amor-doação, porque a maior parte das vezes não se fazia acompanhar de nenhum gosto. É admirável a carta que escreveu à sua irmã Paulina logo após sua profissão religiosa, em setembro de 1890. Depois de imaginar que Jesus, o seu Noivo, lhe perguntava para que país desejava partir em viagem de núpcias e de responder-lhe que só tinha um desejo: o de chegar ao cume da Montanha do Amor, acrescenta:

«Nosso Senhor tomou-me pela mão e fez-me entrar num subterrâneo em que não faz frio nem calor, onde o sol não brilha [...]: um subterrâneo em que só consigo ver uma claridade semiencoberta, a claridade que os olhos semicerrados de Jesus difundem.

«O meu Noivo nada me diz, e eu não lhe digo nada, a não ser que o amo mais que a mim mesma e que sinto no fundo do meu coração que é assim, porque lhe pertenço mais do que a mim [...].

«Agradeço ao meu Jesus que me faça caminhar nas trevas; tenho uma paz profunda. Aceito de bom grado permanecer o resto da minha vida religiosa neste subterrâneo escuro [...]. Sou feliz, sim, muito feliz por não ter nenhuma consolação; e teria vergonha de que o meu amor se assemelhasse ao das noivas da terra, que a toda a hora olham para as mãos dos seus noivos, para verem se estas lhes trazem algum presente, ou ainda para o seu rosto, a fim de nele surpreenderem um sorriso de amor que as encante [...].

«Não desejo um amor sensível [...]. Contanto que seja sensível para Jesus, isso me basta»[4].

Essa carta espelhou o que havia de ser a sua vida até a morte: um amor que consistiu não em buscar a felicidade própria, mas em comprazer Jesus. Por isso, compreendeu que o seu amor tinha por pedra de contraste a busca de ocasiões em que sacrificar o seu amor-próprio, o desejo de singularizar-se ou de chamar a atenção: «O amor alimenta-se de sacrifícios. Quanto mais satisfações naturais a alma nega a si mesma, tanto mais forte e desinteressada se faz *a sua ternura*». Desejava ser «como um grãozinho de areia que os homens pisam sem perceber».

E por essa renúncia à vontade de aparecer, aos gostos pessoais em pequenas coisas, pelo

---

(4) Henri Ghéon, *Teresa de Lisieux*, pp. 127-128.

domínio das reações temperamentais no convívio com as irmãs de religião, chegou bem preparada à derradeira doença, dolorosa, mas aceita com espírito de infância: «Não esperava sofrer tanto; sofro como uma criança. Não quereria pedir nunca sofrimentos maiores. Se Ele fizer que sejam maiores, suportá-los-ei com gosto e alegria, pois virão da sua mão. Mas sou demasiado pequena para ter forças por mim mesma. Se pedisse sofrimentos, seriam sofrimentos meus, e teria de suportá-los eu sozinha, e eu nunca pude fazer nada sozinha».

O sofrimento acolhido com a simplicidade de uma criança engrandeceu-lhe a alma, ao invés de encolhê-la e despedaçá-la, como acontece com os espíritos perdidos na mediocridade. Deu-lhe uma enorme sede de almas. «Vejo que somente o sofrimento é capaz de gerar almas, e mais do que nunca se põe de manifesto ante os meus olhos a profundidade destas palavras de Jesus: *Se o grão de trigo ao cair na terra não morre, permanece só; mas se morre, produz muito fruto*».

Sentia dentro de si a vocação de guerreiro, de sacerdote, de apóstolo, de mártir: «Sinto na minha alma o valor de um cruzado, de um zuavo pontifício. Quereria morrer num campo de batalha em defesa da Igreja. [...] Desejaria anunciar ao mesmo tempo o Evangelho nas cinco partes do mundo, e até nas ilhas mais remotas».

Encerrada no claustro, numa vida sem outro horizonte que o da fidelidade às pequenas coisas do dia a dia, serviu-se do poder da oração como alavanca dos seus desejos de salvar almas — dos incrédulos, dos impenitentes —, de colaborar com as tarefas dos missionários, de assegurar a perseverança dos cristãos quando chegassem os tempos duros do anticristo. Tinha a certeza de que a sua oração era atendida: «Por acaso há alguma alma mais pequena que a minha? No entanto, foi precisamente esta minha debilidade que te moveu, Senhor, a satisfazer os meus pequenos desejos infantis, e que te move hoje a satisfazer outros desejos meus, maiores que o universo».

Assim viveu aquela que João Paulo II proclamou Doutora da Igreja. Não nos deixou senão as singelas confidências da *História de uma alma* e um punhado de poesias de escasso valor literário. Mas deixou-nos plasmado com a sua vida todo um caminho de acesso a Deus pela «pequena via» de fazer da sua fraqueza um trampolim. Comove e instrui que tenha mostrado não ser preciso subir os degraus de uma escada para alcançar o céu, quando se tem o *elevador* que são os braços de Cristo. Chorou quando, já muito doente, a levaram ao pátio para tomar sol, e lá viu como uma galinha cobria com as suas asas os pintinhos assustados. No introito da Missa da sua festa, a Igreja colocou estas palavras, tiradas do Deuteronômio (32, 10-12), que resumem a sua vida de infância espiritual:

O Senhor a conduziu e ensinou,
e guardou-a como à pupila dos seus olhos.
Como uma águia, estendeu sobre ela as suas asas,
e tomou-a e levou-a sobre os seus ombros.
Só o Senhor foi o seu guia.

Os que não fomos chamados a grande feitos, os que desconfiamos das nossas forças e nos sentimos débeis, sem virtudes e cheios de defeitos, os que temos a tentação de desistir e acomodar-nos, os que nos encolhemos perante as dificuldades, os que nos sentimos incapazes de sacudir o ambiente amodorrado e mover as almas a seguir Cristo — todos nós temos na vida diária, aparentemente rasteira e sufocante, um esplêndido convite para alcançarmos uma fé que, sem o aliciante dos sentimentos e consolos, se abandona — como Teresa de Lisieux — na infinita misericórdia de um Deus que cuida de nós como nenhum pai ou mãe da terra podem cuidar.

E por isso confia e, pela confiança, voa pelos caminhos do amor humilde, que capta no corriqueiro, ou mesmo no infantil e no banal, no doce e no amargo, um apelo silencioso às pequenas fidelidades, e a elas procura corresponder com uma vontade indômita de permanecer, aconteça o que acontecer, sob o olhar e o aconchego de um Deus procurado com alma de criança.

DEUS AMA-NOS E, EM TROCA, PEDE-NOS AMOR

Suponhamos que o filho de um médico muito competente esbarra no seu caminho com uma pedra que o faz cair, e que na queda fratura um membro. Seu pai acode-lhe imediatamente, levanta-o com amor e usa de toda a sua ciência para curá-lo; e em breve o seu filho, completamente restabelecido, demonstra-lhe toda a sua gratidão. Não é verdade que esse filho tem todos os motivos para amar o seu pai?

Mas vou fazer outra suposição. O pai, sabendo que no caminho de seu filho há uma pedra, apressa-se a ir antes dele e a retirá-la (sem que ninguém o veja). Certamente o filho, objeto da ternura previdente do pai, se desconhece o percalço de que o seu pai o livrou, não lhe manifestará a sua gratidão e amá-lo-á menos do que se o tivesse curado...

Mas se chega a saber do perigo de que acaba de escapar, não o amará muito mais?

Pois bem, eu sou essa filha, objeto do amor previdente de um Pai que não enviou o seu Verbo para resgatar os justos, mas os pecadores. Ele quer que eu o ame porque me perdoou, não muito, mas tudo. Não esperou que eu o amasse muito, como Santa Maria Madalena, antes quis que eu soubesse até que ponto me amou, com um amor admiravelmente previdente, para que agora eu o ame com loucura!

Sim, foi uma verdadeira loucura que o Senhor viesse buscar os pobres corações dos mortais para convertê-los no seu trono. Ele, o Rei da glória, que se senta acima dos querubins... Ele, cuja presença os céus não podem conter...

O nosso Amado devia ter enlouquecido para vir à terra em busca dos pecadores com o fim de fazer deles os seus amigos, os seus íntimos, os seus semelhantes. Ele, que era perfeitamente feliz com as outras duas Pessoas da Trindade, dignas de adoração...!

Nós não poderemos nunca fazer por Ele as loucuras que Ele fez por nós, e as nossas ações não merecerão nunca esse nome, porque não passam de ações muito razoáveis e muito aquém do que o nosso amor quereria realizar.

Que bela é a nossa religião! Em vez de encolher os nossos corações — como toda a gente pensa —, eleva-os e torna-os capazes de amar: de amar com um amor quase infinito, já que é chamado a continuar depois desta vida mortal, que só nos foi dada para alcançarmos a pátria do céu.

Se todas as almas fracas e imperfeitas sentissem o que sente a mais pequena de todas as almas, a alma da vossa Teresinha, nem uma só perderia a esperança de chegar ao cume da montanha do amor, pois Jesus não pede grandes obras, mas somente abandono e agradecimento, já que disse no salmo 49: «Não preciso do novilho do teu estábulo, nem dos cabritos dos teus apriscos. Pois minhas são todas as feras das matas e há milhares de animais nos meus montes. Conheço todos os pássaros do céu [...]. Se Eu tivesse fome, não o diria a vós, porque minha é a terra e tudo o que ela contém. Porventura tenho necessidade de comer carne de touros e de beber sangue de cabritos? Imolai a Deus sacrifícios de louvor e de ação de graças».

Aqui está tudo o que Jesus exige de nós. Não precisa das nossas obras, mas somente do nosso amor. Porque esse mesmo Deus, que declara «não ter necessidade de nos dizer se tem fome», não se importa de *mendigar* um pouco de água à samaritana. Tinha sede... Mas, ao dizer: «Dá-me de beber», o que o Criador do universo pedia era o *amor* da sua pobre criatura. Tinha sede de amor.

Jesus compraz-se em mostrar-me o único caminho que conduz a essa fogueira divina. Esse caminho é o abandono da criancinha que dorme sem medo nos braços de seu pai. «Quem for pequenino venha a mim», disse o Espírito Santo por boca de Salomão. E esse mesmo espírito de amor disse também: «Dos pequenos tem-se compaixão e se lhes perdoa». E, em seu nome, o profeta Isaías revela-nos que, no último dia, «o Senhor apascentará como um pastor o seu rebanho, reunirá os seus cordeirinhos e os estreitará contra o seu peito».

Asseguro-te que Deus é muito melhor do que imaginas. Conforma-se com um olhar, com um suspiro de amor... E penso que a perfeição é algo muito fácil de praticar, pois compreendi que a única coisa que há que fazer é ganhar Jesus pelo coração...

Observa um menininho que acaba de desgostar a sua mãe irritando-se ou desobedecendo-lhe. Se se mete num canto com ar emburrado e grita por medo de ser castigado, o mais certo é que a mãe não lhe perdoe a falta. Mas se a procura de braços estendidos e lhe diz sorrindo: «Dá-me um beijo; não voltarei a fazê-lo», porventura a sua mãe não o estreitará ternamente contra o coração e esquecerá as suas traquinices infantis? No entanto, ela sabe que o seu pequeno voltará às suas travessuras na primeira ocasião, mas pouco importa; se volta a ganhá-la outra vez pelo coração, nunca será castigado.

[*Num retiro que fez em 1891, depois de uma confissão geral, o padre Alexis assegurou-lhe que as faltas de que se acusara «não causavam nenhum sofrimento a Deus»*].

Nunca tinha ouvido que as faltas pudessem *não desagradar* a Deus. Esta certeza cumulou-me de alegria e fez-me suportar pacientemente o desterro desta vida... Tenho um caráter tal, que o temor me deita para trás, ao passo que o amor não só me faz correr, mas *voar*...

Deus deu-me a sua misericórdia infinita e, *através dela*, contemplo e adoro as demais perfeições divinas... Então todas elas se apresentam aos meus olhos radiantes de amor. Até a justiça — e talvez ela mais que nenhuma outra — me parece revestida de amor.

Que alegria tão doce pensar que Deus é justo, isto é, que leva em conta as nossas fraquezas, que conhece perfeitamente a fragilidade da nossa natureza! De que haveria eu, pois, de ter medo?

Ah! O Deus infinitamente justo, que se dignou perdoar com tanta bondade todos os pecados do filho pródigo, não se mostrará também justo comigo, que estou sempre ao seu lado?

[*Pouco antes de morrer, diz à sua irmã mais velha:*]

Alguém poderia pensar que, se tenho uma confiança tão grande em Deus, é porque não pequei. Minha Madre, dizei muito claramente que, ainda que tivesse cometido todos os crimes possíveis, continuaria a ter a mesma confiança. Sei que toda essa multidão de ofensas seria como uma gota de água lançada numa fogueira em chamas (*Últimas conversas*, 2, 8).

«O Coração de Jesus entristece-se mais com as pequenas indelicadezas dos seus amigos do que com as faltas, mesmo graves, que cometem as pessoas do mundo». Mas eu penso que isso é só quando os seus, sem reparar nas suas contínuas indelicadezas, fazem delas um costume e não lhe pedem perdão. Só então Jesus pode dizer aquelas palavras que põe nos nossos lábios durante a Semana Santa: «Estas chagas que vedes nas minhas mãos são as que me fizeram em casa dos meus amigos». Mas quando os seus amigos, depois de cada indelicadeza, vêm pedir-lhe perdão, Jesus estremece de alegria e diz aos anjos o que o pai do filho pródigo disse aos seus servos: «Tirai imediatamente a melhor roupa e vesti-lha; ponde-lhe um anel na mão e façamos uma festa».

Às vezes, quando leio certos tratados espirituais em que se apresenta a perfeição rodeada de mil estorvos e mil obstáculos, cercada de uma multidão de ilusões, o meu pobre espírito cansa-se logo, fecho o douto livro que me faz doer a cabeça e me seca o coração, e tomo nas mãos a Sagrada Escritura. Então tudo me parece luminoso, uma só palavra abre à minha alma horizontes infinitos, a perfeição me parece fácil: vejo que basta reconhecermos o nosso nada e abandonarmo-nos como uma criança nos braços de Deus.

«O seu rosto estava como que escondido»... Hoje também continua a estar, porque quem há que compreenda as lágrimas de Jesus? Façamos do nosso coração um pequeno sacrário onde Ele possa refugiar-se. Assim se verá consolado e esquecerá o que nós não podemos esquecer: «a ingratidão das almas que o abandonam num sacrário deserto...»

Sinto-me muito contente porque vou em breve para o céu. Mas quando penso naquelas palavras do Senhor: «Trago comigo o meu salário, para pagar a cada um segundo as suas obras», digo a mim mesma que, no meu caso, Deus vai ver-se em grandes apuros: eu não tenho obras! De modo que não poderá pagar-me «segundo as minhas obras». Pois bem, pagar-me-á «segundo as suas».

[*Nos seus últimos dias, no meio de grandes sofrimentos, perguntaram-lhe o que rezava. Respondeu:*]
— Não rezo; amo.

A VIDA,
UMA ENTREGA CONFIANTE

Um dia, Leônia veio ao nosso encontro com uma cesta cheia de vestidinhos e de pequenos retalhos para fazer mais [*bonecas*]. «Tomai, irmãs — disse-nos —, escolhei». Celina estendeu a mão e tomou um novelo de fitas coloridas. Eu, depois de um momento de reflexão, avancei por minha vez a mão e disse: «Escolho tudo». E fiquei com a cesta com toda a sem-cerimônia.

Este insignificante episódio da minha infância é o resumo de toda a minha vida. Mais tarde, quando se ofereceu aos meus olhos o horizonte da perfeição, compreendi que, para ser santa, era preciso que sofresse muito, que procurasse sempre o mais perfeito, e me esquecesse de mim mesma. Compreendi que na busca da perfeição há muitos graus, e que cada alma é livre de corresponder aos convites do Senhor e de fazer pouco ou muito por

Ele, numa palavra, de *escolher* entre os sacrifícios que Ele nos apresenta. Então, como nos dias da minha infância, exclamei: «Meu Deus, *eu escolho tudo*. Não quero ser santa a meias. Não me assusta sofrer por Ti. Só me assusta uma coisa: conservar a minha vontade. Toma-a!, pois eu escolho tudo o que Tu quiseres».

Que grata lembrança tenho da minha primeira confissão! Com que esmero me preparaste, querida Madre [*a sua irmã mais velha, Maria*], dizendo-me que não ia dizer os meus pecados a um homem, mas a Deus! Estava profundamente convencida disso, e por isso confessei-me com grande espírito de fé, e até te perguntei se não devia dizer ao Pe. Ducellier que o amava de todo o coração, já que era a Deus que eu ia falar na pessoa dele...

[*Evocando a sua primeira comunhão:*]
Como foi doce o primeiro beijo de Jesus à minha alma! Foi um beijo de amor. Sentia-me amada, e dizia por minha vez: «Eu Vos amo, entrego-me a Vós para sempre».

Não houve pedidos, nem lutas, nem sacrifícios. Havia já muito tempo que Jesus e a pobre Teresinha se tinham olhado e se tinham compreendido... Naquele dia, não foi um *olhar*, mas uma *fusão*. Já não eram *dois*. Teresa tinha desaparecido, como a gota de água que se perde no seio do oceano. [...] Não lhe tinha ela pedido que lhe tirasse a sua liberdade, porque a sua liberdade a assustava? Sentia-se tão fraca, tão frágil, que desejava unir-se para sempre à força divina!

Pouco depois da minha primeira comunhão, entrei de novo em retiro para a minha Confirmação [...].

Ordinariamente, para a Confirmação só se fazia um dia de retiro, mas como o Bispo não pôde chegar no dia marcado, tive o consolo de passar dois dias em solidão. Que feliz se sentia a minha alma! À imitação dos Apóstolos, esperava com alegria a visita do Espírito Santo. Alegrava-me pensar que muito em breve ia ser uma cristã perfeita, e sobretudo que conservaria por toda a eternidade na minha fronte a cruz misteriosa que o Bispo traça ao administrar esse sacramento...

Por fim chegou o venturoso momento. Não foi um vento impetuoso o que senti com a descida do Espírito Santo, mas aquela *leve brisa* cujo murmúrio o profeta Elias ouviu no monte Horeb...

Naquele dia recebi fortaleza para *sofrer*, já que bem cedo ia começar o martírio da minha alma.

Às vezes, sentia-me só, muito só. Tal como nos dias da minha vida de pensionista [*no colégio das beneditinas*], quando passeava triste e doente pelo grande pátio, eu repetia estas palavras que faziam renascer sempre a paz e a força no meu coração: «A vida é o teu navio e não a tua morada».

Quando era pequenina, estas palavras devolviam-me a coragem. Ainda hoje, apesar dos anos, que apagam tantas impressões da piedade infantil, a imagem do navio tem para a minha alma um encanto especial [...]. Não diz também a Sabedoria que «a vida é como uma barca que fende as águas agitadas e não deixa atrás de si rasto algum da sua rápida passagem»?

Aquele cujo coração vela enquanto dorme [*na barca*] fez-me compreender que opera grandes milagres em favor dos que têm uma fé como um grão de mostarda, mas que, com os seus íntimos, com a sua Mãe, não faz milagres sem antes lhes ter provado a fé. Não deixou Lázaro morrer, apesar de Marta e Maria lhe terem feito saber que estava doente? E nas bodas de Caná, quando a Virgem lhe pediu que viesse em ajuda dos seus anfitriões, não lhe respondeu que não tinha chegado a sua hora? Mas depois da prova, que recompensa! A água converte-se em vinho! Lázaro ressuscita!

Imagino a minha alma como um terreno livre, e peço à Santíssima Virgem que tire dela os escombros que poderiam impedi-la de ser livre. Depois suplico-lhe que Ela mesma levante uma ampla tenda digna do céu, que a adorne com os seus próprios adereços. Depois convido todos os santos e anjos a virem dar um magnífico concerto. Penso que, quando Jesus desce ao meu coração, está contente de ver-se tão bem recebido, e eu também estou contente...

Nada disto, porém, impede que as distrações e o sono venham visitar-me. No entanto, quando saio da ação de graças, vendo quão mal a fiz, tomo a resolução de permanecer o dia todo numa contínua ação de graças...

Bem vedes, minha querida Madre, que estou muito longe de ser levada pelo caminho do temor. Sei encontrar sempre o modo de estar alegre e de tirar proveito das minhas misérias.

Já não posso pedir nada com ardor, exceto o cumprimento perfeito da vontade de Deus sobre a minha alma, sem que as criaturas possam criar-lhe obstáculos. Posso repetir estas palavras do *Cântico espiritual* do nosso Padre São João da Cruz:

Na cave interior do meu Amado bebi,
e quando saía por toda aquela veiga já nada sabia,
e o gado perdi que antes seguia...
A minha alma empregou-se, e todo o meu caudal,
no seu serviço.
Já não guardo gado nem tenho outro ofício,
que só em amar é o meu exercício.

Ou estas outras:

Faz tal obra o amor
depois que o conheci,
que, se há mal ou bem em mim,
tudo faz de um sabor
e transforma a alma em Si.

Como é doce o caminho do amor! É certo que se pode cair, que se podem cometer infidelidades, mas o amor, *fazendo tudo* de um sabor, bem depressa consome tudo o que possa desgostar Jesus, não deixando senão uma humilde e profunda paz no fundo do coração.

A santidade não consiste em dizer coisas belas, nem sequer em pensá-las ou senti-las... Consiste em sofrer, e em sofrer toda a espécie de sofrimentos: «A santidade deve ser conquistada na ponta da espada» (*Carta* 89, fol. 2v).

Qual das duas Teresas [*referindo-se a outra freira, que também se chamava Teresa*] será mais fervorosa? A que for mais humilde, a que estiver mais unida a Jesus, a que for mais fiel em fazer tudo por amor... Rezemos uma pela outra, para que as duas sejamos fiéis por igual. Roubemos a Jesus o coração com um olhar dos nossos olhos, quer dizer, com o que há de mais grande e com o que há de mais pequeno. Não lhe neguemos o menor sacrifício. Apanhar um alfinete por amor pode converter uma alma. Que grande mistério! Só Jesus pode dar um valor tão grande às nossas ações.

Amemo-lo, pois, com todas as nossas forças (*Carta* 164, fol. 2r).

Nunca esperes pelo dia de amanhã para ser santa (*Últimas conversas*, 7).

Como pode uma alma tão imperfeita como a minha possuir a plenitude do Amor?

Ó Jesus, meu primeiro e único amigo, o único a quem amo, diz-me que mistério é este. Por que não reservas estas aspirações tão imensas para as almas grandes, para as águias que pairam nas alturas? Eu considero-me um débil passarinho coberto unicamente por uma leve plumagem. Não sou uma águia, de águia só tenho os olhos e o coração, porque, apesar da minha extrema pequenez, me atrevo a fitar o Sol divino, o Sol do Amor, e o meu coração sente em si todas as aspirações da águia...

O passarinho quereria voar para esse Sol brilhante que ofusca os seus olhos; quereria imitar as suas irmãs as águias, que ele vê elevarem-se até o foco divino da Santíssima Trindade... Mas, ai, o mais que pode fazer é bater as suas pequenas asas, mas voar é coisa que não está no seu modesto poder.

Que será dele? Morrerá de pena por ver-se tão impotente? Não, não, o passarinho nem sequer se desconsolará. Com audaz abandono, quer continuar com o olhar cravado no seu divino Sol. Nada poderá assustá-lo, nem o vento nem a chuva. E se nuvens carregadas chegarem a ocultar-lhe o astro do amor, o passarinho não mudará de lugar: sabe que, para além das nuvens, o seu Sol continua a brilhar e que o seu resplendor não pode eclipsar-se nem por um instante.

É verdade que, às vezes, o coração do passarinho se vê assaltado pela tormenta, e não lhe parece que possa existir outra coisa senão as nuvens que o rodeiam. Essa é a hora da alegria perfeita para esse ser pobre e débil. Que felicidade para ele continuar ali, apesar de tudo, olhando fixamente para a luz invisível que se oculta à sua fé!

Jesus, até aqui posso entender o teu amor pelo passarinho, porque ele não se afasta de Ti... Mas eu sei, e Tu também sabes, que, muitas vezes, a imperfeita criaturinha, embora continue no seu lugar (quer dizer, sob os raios do Sol), acaba por distrair-se um pouco da sua única ocupação: apanha um grãozinho aqui e acolá, corre atrás de um pequeno verme...; depois, encontrando um charquinho de água, molha nele as suas asas; vê uma flor que lhe agrada, e o seu espírito débil entretém-se com a flor... Numa palavra, o pobre passarinho, não podendo pairar como as águias, continua a entreter-se com as bagatelas da terra.

No entanto, depois de todas as suas travessuras, em vez de ir esconder-se num canto para chorar a sua miséria e morrer de arrependimento, volta-se para o seu amado Sol, expõe aos seus raios benfeitores as pequenas asas molhadas, geme como a andorinha; e, no seu suave canto, confia e conta detalhadamente as suas infidelidades, pensando, no seu temerário abandono, em adquirir assim um maior domínio, em atrair com maior plenitude o amor dAquele que não veio buscar os justos, mas os pecadores...

E se o astro adorado continuar surdo aos lastimosos gorjeios da sua criaturinha, se continuar oculto..., pois bem, então a criaturinha continuará ali molhada, aceitará tiritar de frio, e continuará a alegrar-se com esse sofrimento que na verdade mereceu...

Que feliz, Jesus, é o teu passarinho de ser débil e pequeno! Pois que seria dele se fosse grande? Jamais teria a audácia de ir à tua presença, de dormitar diante de Ti...

Não tenho outro modo de mostrar-Te o meu amor senão lançando-Te flores, isto é, não deixando escapar nenhum pequeno sacrifício, nem um só olhar, nem uma só palavra, aproveitando até as menores coisas e fazendo-as por amor...

Quero sofrer por amor, e até alegrar-me por amor. Assim lançarei flores diante do teu trono. Não encontrarei nem uma só no meu caminho que não colha para Ti. E, além disso, ao lançar as minhas flores, cantarei mesmo quando tiver de colhê-las entre espinhos, e tanto mais melodioso será o meu canto quanto maiores e mais pontiagudos forem os espinhos.

E de que te servirão, Jesus, as minhas flores e os meus cantos? Bem o sei: essa chuva perfumada, essas pétalas frágeis e sem qualquer valor, esses cânticos de amor do mais pequeno dos corações — hão de fascinar-te.

O que ofende Jesus, o que fere o seu coração, é a falta de confiança nEle! (*Carta* 92).

Penso que os que corremos pelo caminho do amor não devemos pensar no que pode acontecer-nos de doloroso no futuro, porque isso é faltar à confiança (*Últimas conversas*, 23, 7).

Não vejo o Sagrado Coração como toda a gente. Penso que o coração do meu Esposo é só para mim, como o meu é só para Ele, e por isso falo-lhe na solidão deste delicioso coração a coração, à espera de chegar a contemplá-lo um dia face a face...

Se, por um impossível, nem o próprio Deus visse as minhas boas ações, não me afligiria por isso. Amo-o tanto que quereria dar-lhe gosto sem que nem Ele mesmo o soubesse. Ao vê-lo e sabê-lo, estaria como que obrigado a «recompensar-me», e eu não quereria causar-lhe esse incômodo...

Formei uma ideia tão elevada do céu que às vezes me pergunto como é que Deus se arranjará, depois da minha morte, para me surpreender. A minha esperança é tão grande e é para mim motivo de tanta alegria — não pelo sentimento, mas pela fé — que precisarei de alguma coisa que supere todo o entendimento para me saciar plenamente.

ORAÇÃO DE SIMPLICIDADE

Para mim, a oração é um impulso do coração, um simples olhar dirigido ao céu, um grito de agradecimento e de amor, tanto no meio da tribulação como no meio da alegria.

Compreendo, e sei por experiência, que «o reino de Deus está dentro de nós». Jesus não tem necessidade de livros nem de doutores para instruir as almas; Ele, o Doutor dos doutores, ensina sem ruído de palavras. Nunca o ouvi falar, mas sei que está dentro de mim. Guia-me e inspira-me a cada instante o que devo dizer ou fazer. Descubro, justamente no momento em que preciso delas, luzes que até então não tinha visto. E a maior parte das vezes, estas ilustrações não são mais abundantes na oração, mas no meio das ocupações do dia.

Um sábio dizia: «Dai-me uma alavanca, um ponto de apoio, e levantarei o mundo».

O que Arquimedes não pôde conseguir — porque o seu pedido não se dirigia a Deus e porque o fazia de um ponto de vista material —, os santos conseguiram-no em toda a sua plenitude. O Todo-Poderoso deu-lhes o ponto de apoio: *Ele mesmo*, somente Ele. E a alavanca: a oração, que abrasa com fogo de amor. E assim levantaram o mundo. E assim continuam a levantá-lo os santos que militam na terra. E assim continuarão a levantá-lo até o fim do mundo os santos que virão.

Antes de falar-vos desta aflição, deveria ter-vos falado, minha querida Madre, do retiro que precedeu a minha profissão. Longe de trazer-me consolos, ocasionou-me a aridez mais absoluta e quase o abandono. Na minha barquinha, Jesus dormia, como de costume.

Ah!, bem vejo que raras vezes as almas deixam Jesus dormir nelas. Jesus está tão cansado de arcar com todos os gastos e de adiantar-se a dar, que não perde nunca a ocasião de descansar que eu lhe ofereço, e a aproveita. Talvez não acorde até o meu grande retiro na eternidade, mas isto, em vez de entristecer-me, causa-me um grande contentamento.

Verdadeiramente, estou longe de ser uma santa, e nada o prova melhor do que isto que acabo de dizer. Em vez de alegrar-me com a minha aridez, deveria atribuí-la à minha falta de fervor e de fidelidade. Deveria causar-me desolação ver que (depois de sete anos) durmo durante a oração e a ação de graças.

Pois bem, não me sinto desolada... Penso que as criancinhas agradam a seus pais tanto quando dormem como quando estão acordadas. Penso que, para fazer as suas cirurgias, os médicos adormecem os seus pacientes. Penso, enfim, que «o Senhor conhece a nossa fragilidade, que se lembra de que não somos senão pó».

Para sermos escutados, não temos que ler num livro uma bela fórmula composta para um caso particular. Se fosse assim, como eu seria digna de pena!

Fora do ofício divino, que sou tão indigna de recitar, não tenho valor para buscar nos livros belas orações; isto causa-me dor de cabeça. Há tantas... e cada uma mais bela que as outras! Não podendo recitá-las todas, e não sabendo por outro lado qual escolher, faço como as crianças que não sabem ler:

digo a Deus com toda a simplicidade o que quero dizer-lhe, sem compor belas frases, e Ele sempre me entende...

Algumas vezes, quando o meu espírito se encontra numa secura tão grande que me é impossível formar um só pensamento para unir-me a Deus, rezo muito devagar um Pai-Nosso e depois a saudação angélica. Assim rezadas, estas orações encantam-me, alimentam a minha alma muito mais do que se as recitasse precipitadamente uma centena de vezes.

Estou convencida de que Nosso Senhor não falava mais aos seus discípulos com os seus ensinamentos e com a sua presença sensível do que nos fala hoje com as inspirações da sua graça. Ele podia muito bem ter dito a São Pedro: «Pede-me forças para cumprir o que queres». Mas não o fez, porque queria fazê-lo ver a sua debilidade e porque, antes de governar toda a Igreja, que está cheia de pecadores, lhe convinha experimentar na sua própria carne o pouco que o homem pode sem a ajuda de Deus. Antes da sua queda, Nosso Senhor disse-lhe: «Quando te recuperares, dá firmeza aos teus irmãos». Com o que queria dizer-lhe: «Persuade-os com a tua própria experiência da debilidade das forças humanas».

Uma tarde, veio a enfermeira pôr-me uma garrafa de água quente junto dos pés e tintura de iodo no peito. Eu estava consumida pela febre e devorava-me uma sede ardente. Enquanto suportava esses remédios, não pude deixar de queixar-me a Nosso Senhor: «Meu Jesus — disse —, Tu és testemunha de que estou ardendo, e ainda por cima trazem-me calor e fogo! Se em vez de tudo isso me dessem meio copo de água! Meu Jesus, a tua filha tem muita sede!» [...] Pouco depois, a enfermeira retirou-se, e eu já não contava voltar a vê-la até o dia seguinte pela manhã, quando, com grande surpresa minha, voltou poucos minutos depois trazendo-me uma bebida refrescante... Como é bom o nosso Jesus! E como é doce confiar nEle!

[*Dirigindo-se às noviças que recebera o encargo de formar:*]

Aquele a quem tomastes por Esposo possui certamente todas as perfeições desejáveis, mas ouso dizer que ao mesmo tempo tem uma grande fraqueza, que é *a de ser cego*! Se há uma ciência que Ele não conhece, é *a ciência do cálculo*... Se enxergasse com toda a clareza e se pusesse a calcular, não pensais que, diante de todos os nossos pecados, nos faria voltar ao nada? Para torná-lo cego assim, porém, e para impedir que se ponha a fazer o menor cálculo, é preciso saber pegá-lo pelo coração. É esse o seu ponto fraco (Henri Ghéon, *Teresa de Lisieux*, pp. 157-158).

A «PEQUENA VIA»
DE INFÂNCIA ESPIRITUAL

No mesmo dia em que devia ir ao locutório [*do convento carmelita onde desejava ser admitida*], refletindo eu sozinha na minha cama, perguntei-me que nome escolheria no Carmelo. Sabia que já havia nele uma sor Teresa de Jesus; no entanto, não podiam tirar-me o meu bonito nome de Teresa.

De repente, pensei no pequeno Jesus, a quem tanto amava, e disse de mim para mim: «Como gostaria de chamar-me Teresa do Menino Jesus»!

Nada disse no locutório do sonho que tinha sonhado completamente acordada. Mas, quando a minha boa Madre Maria de Gonzaga perguntou às irmãs que nome haviam de dar-me, ocorreu-lhe o nome que eu tinha sonhado. Foi grande a minha alegria, e a feliz coincidência de pensamentos pareceu-me uma delicadeza do meu amadíssimo pequeno Jesus.

Sabeis, minha Madre, que sempre desejei ser santa. Mas ai!, todas as vezes que me comparei com os santos, sempre observei que entre eles e mim existe a mesma diferença que entre uma montanha cujo cume se perde nos céus e o obscuro grão de areia que os caminhantes pisam ao passar.

Mas em vez de desanimar, disse para mim mesma: Deus não poderia inspirar-me desejos irrealizáveis; portanto, apesar da minha pequenez, posso aspirar à santidade. Mas quero achar o modo de ir para o céu por um pequeno caminho muito reto, muito curto; por um pequeno caminho inteiramente novo.

Nos dias de hoje, já não é necessário ter o trabalho de subir uma escada degrau a degrau; nas casas dos ricos, o elevador supre-a vantajosamente. Pois bem, eu quereria encontrar também um elevador para subir até Jesus, pois sou demasiado pequena para subir a dura escada da perfeição.

Então, procurei nos Livros Sagrados alguma referência ao elevador e achei estas palavras saídas da boca da Sabedoria eterna: «Se alguém é pequenino, venha a mim». Detive-me, pressentindo que tinha encontrado o que procurava. E desejando saber o que faríeis, ó meu Deus, com o pequenino que respondesse à vossa chamada, continuei as minhas pesquisas e eis o que encontrei: «Assim como uma mãe acaricia o seu filho, assim Eu vos consolarei, e vos levarei no meu regaço, e vos embalarei sobre os meus joelhos».

Nunca palavras tão ternas, tão melodiosas, me alegraram tanto a alma. O elevador que me há de fazer subir ao céu são os vossos braços, Jesus. Por isso não tenho necessidade de crescer; pelo contrário, devo permanecer pequena, tornar-me cada vez mais pequena.

Deus quer que me abandone como uma criança que não se preocupa com o que farão com ela (*Últimas conversas*, 15, 6).

[*Escreve a uma das suas irmãs:*]
Querida irmãzinha, não deixes de rezar por mim durante o mês do Menino Jesus. Pede-lhe que eu seja sempre pequena, muito pequena! (*Carta* 154).

Durante muito tempo, na oração da tarde, estive colocada diante de uma irmã que tinha uma estranha mania. Mal chegava, punha-se a fazer um barulhinho estranho, semelhante ao que se faria friccionando uma concha contra a outra. Ao que parece, ninguém se apercebia disso a não ser eu, pois tenho um ouvido extremamente apurado (demasiado, às vezes).

É impossível dizer-lhe, Madre, quanto esse ruído me incomodava. Sentia uma grande vontade de voltar a cabeça e olhar a culpada; essa teria sido a única maneira de lho fazer notar.

Mas no fundo do coração sentia que era melhor sofrer aquilo por amor de Deus e para não desgostar a irmã. De modo que permanecia tranquila, procurando unir-me a Deus e esquecer o ruído. Porém, tudo era inútil; sentia-me banhada em suor e via-me obrigada a fazer simplesmente uma oração de sofrimento.

Esforçava-me por achar gosto naquele barulhinho; em vez de procurar não ouvi-lo (coisa que era impossível), punha toda a minha atenção em ouvi-lo bem, como se fosse um concerto maravilhoso, e passava toda a minha oração (que não era precisamente uma oração de quietude) oferecendo a Jesus aquele concerto.

Em outra ocasião, estava na lavanderia em frente de uma irmã que me salpicava de água suja a cara, cada vez que batia os panos contra a sua pia.

O meu primeiro impulso foi dar um passo atrás e enxugar a cara, para fazer ver à irmã que me borrifava que me faria um grande favor se lavasse com mais suavidade. Mas pensei imediatamente que era bem tola em recusar uns tesouros que me eram dados tão generosamente, e guardei-me de manifestar a minha luta interior.

Esforcei-me por sentir o desejo de receber na cara muita água suja, de sorte que acabei por gostar daquele novo gênero de aspersão, e prometi a mim mesma voltar àquele lugar afortunado em que tantos tesouros se recebiam.

Bem vedes, minha Madre, que sou uma alma *muito pequena* que só pode oferecer a Deus *coisas muito pequenas*. E ainda acontece muitas vezes que deixo escapar alguns destes pequenos sacrifícios, que tanta paz dão à alma. Mas não desanimo por isso; resigno-me a ter um pouco menos de paz e procuro estar mais alerta em outra ocasião.

Obrigado, querida mãezinha [*a sua irmã Paulina*]. Quebraste o nariz... Sim, mas tens um nariz comprido...! Sempre te restará o suficiente, ao passo que a mim, se quebrar o meu, não me ficará nada...

Que felizes somos de saber rir-nos de tudo! (*Carta* 219, fol. 1v).

Jesus está contente contigo, sei-o. Se ainda te deixa ver algumas infidelidades no teu coração, estou certa de que são muito mais numerosos os atos de amor que colhe (*Carta* 164, fol. 1v).

É verdade o que dizes: as frescas manhãs já passaram para nós: não restam flores que cortar; Jesus apanhou-as todas. Talvez algum dia faça brotar outras novas, mas, entretanto, que devemos fazer? Celina, Deus já não me pede nada... A princípio, pedia-me uma infinidade de coisas. Durante algum tempo, pensei que agora, como não me pedia nada, teria de caminhar na paz e no amor, fazendo somente o que Ele me pedia...

Mas tive uma inspiração. Diz Santa Teresa [*de Ávila*] que é necessário alimentar o amor. Quando estamos em trevas, em securas, a lenha não se encontra ao nosso alcance; mas não teremos que lançar [*na fogueira do amor*] ao menos umas palhinhas? Jesus é suficientemente poderoso para alimentar sozinho o fogo; no entanto, gosta de ver-nos lançar nele alguma coisa que o alimente.

Eu vi por experiência que, quando não sinto nada, quando sou incapaz de orar e de praticar a virtude, então é o momento de procurar pequenas ocasiões, ninharias que agradam a Jesus mais do que o domínio do mundo e até do que o martírio suportado generosamente. Por exemplo, um sorriso, uma palavra amável quando tinha vontade de calar-me ou de pôr cara de aborrecimento etc.

Compreendes? Não é para lavrar a minha coroa, para ganhar méritos, é para agradar a Jesus... Quando tenho essas ocasiões, quero ao menos dizer-lhe muitas vezes que o amo. Isto não é difícil, e alimenta o fogo. Mesmo quando me possa parecer que esse fogo do amor está apagado, gostaria de lançar nele alguma coisa, e Jesus poderia então reavivá-lo (*Carta* 143).

Vede que pensar coisas belas e santas, fazer livros, escrever vidas de santos, não tem valor algum em comparação com a simples ação de responder imediatamente quando vos batem à porta (Henri Ghéon, *Teresa de Lisieux*, p. 146).

Dá graças a Jesus. Ele cumula-te das suas graças de eleição. Se fores fiel em agradar-lhe nas pequenas coisas, Ele ver-se-á obrigado a ajudar-te nas grandes.

Os Apóstolos, sem Nosso Senhor, trabalharam a noite inteira e não apanharam um só peixe. Jesus comprazia-se nesse trabalho, mas queria demonstrar-lhes que só Ele pode dar-nos alguma coisa. «Rapazes — diz-lhes —, tendes alguma coisa que comer?» «Senhor — respondeu São Pedro —, trabalhamos toda a noite e nada apanhamos». Se tivesse apanhado alguns peixinhos, talvez Jesus não tivesse feito o milagre; mas não tinha nada e por isso Jesus encheu imediatamente a rede, de sorte que quase se rompia. Assim é Jesus: dá como Deus, mas exige a humildade do coração.

Não estou acima das mesquinhezes da terra. Por exemplo, se me zango por uma tolice que disse ou fiz, recolho-me no meu interior e digo para mim mesma: «Mas que coisa! Continuo ainda no mesmo ponto de antes!» Mas digo-o com grande suavidade e sem tristeza. É tão bom sentirmo-nos fracos e pequenos!

Ser pequeno é não desanimar com as faltas próprias, pois as crianças caem com frequência, mas são demasiado pequenas para machucar-se seriamente.

Que maravilhoso será conhecer no céu tudo o que aconteceu no seio da Sagrada Família! Quando o Menino Jesus começou a ficar mais crescido, talvez dissesse à Santíssima Virgem, ao vê-la jejuar: «Eu também gostaria de jejuar». E a Santíssima Virgem responder-lhe-ia: «Não, meu pequeno Jesus, não tens forças». [...] E São José? Ai, como o amo! Ele não podia jejuar por causa do seu trabalho. Vejo-o aplainar a madeira, e depois enxugar a fronte de vez em quando. Que simples me parece ter sido a vida dos três!

Quando penso na Sagrada Família, o que me faz muito bem é imaginá-la tendo uma vida totalmente ordinária, e não tudo isso que nos contam ou supõem. Por exemplo, que o Menino Jesus fazia passarinhos de barro e depois, soprando-lhes, lhes dava vida. Não, o Menino Jesus não fazia milagres inúteis como esses, nem mesmo para comprazer a sua Mãe. E se não, por que não foram transportados ao Egito por meio de um milagre que, aliás, teria sido tão necessário e tão fácil para Deus? Teriam chegado lá num abrir e fechar de olhos. Mas não, na sua vida, tudo se passou como na nossa.

Os pequenos serão julgados com grande benignidade. E pode-se ser pequeno até nos cargos mais espinhosos, mesmo vivendo muitos anos. Se eu morresse aos oitenta anos, se tivesse estado na China ou em qualquer outra parte, estou certa de que morreria tão pequena como hoje. E está escrito que, no final, «o Senhor pôr-se-á de pé para salvar os humildes da terra». Não diz «julgar», mas «salvar».

Jesus não olha tanto para a grandeza das obras, nem sequer para a sua dificuldade, mas para o amor com que se fazem.

Foi-me dado também um grande amor à mortificação; e este amor era tanto maior quanto a verdade é que nada me permitiam fazer para satisfazê-lo... A única pequena mortificação que eu fazia quando estava no mundo, e que consistia em não apoiar as costas quando estava sentada, foi-me proibida por causa da minha propensão para curvar-me. As únicas penitências que me permitiam, sem eu as pedir, consistiam em mortificar o meu amor-próprio, o que me aproveitava mais do que as penitências corporais...

Enganas-te se pensas que a tua Teresinha percorre sempre entusiasmada o caminho da virtude. Ela é fraca, muito fraca, e experimenta diariamente essa triste realidade. Mas Jesus compraz-se em ensinar-lhe, como a São Paulo, a ciência de gloriar-se nas suas enfermidades. É uma graça muito grande, e peço a Jesus que ta ensine, porque só aí se encontram a paz e o descanso do coração. Quando uma pessoa se vê tão miserável, já não quer preocupar-se consigo mesma e só olha para o seu único Amado.

Menino Jesus! Eu me abandono aos teus divinos caprichos, e não quero outra alegria senão a de fazer-te sorrir (*Orações*, 14).

HUMILDADE E ABANDONO

Que manso e humilde de coração me pareces, Jesus, sob o véu da branca hóstia! Já não podes abaixar-te mais para me ensinares a humildade (*Orações*, 20).

Cada manhã, faço o propósito de praticar a humildade, e à noite reconheço que voltei a cometer muitas faltas de orgulho. Ao ver isso, tenta-me o desalento, mas sei que o desalento é também uma forma de orgulho. Por isso quero, meu Deus, apoiar a minha esperança somente em Ti. Já que Tu podes tudo, faz nascer em mim a virtude que desejo. Para alcançar esta graça, repetir-te-ei muitas vezes: «Jesus manso e humilde de coração, fazei o meu coração semelhante ao vosso».

Lembro-me de que, durante um passeio que demos pela praia, por volta dos meus treze ou catorze anos, um senhor e uma senhora me viam correr feliz para junto de papai e, aproximando-se, perguntaram-lhe se era sua filha, e disseram-lhe que era uma menina muito bonita. Era a primeira vez que eu ouvia dizer que era bonita, e gostei, pois não julgava que o fosse. Tu punhas um grande cuidado, minha Madre [*a sua irmã Paulina*], em afastar de mim tudo o que pudesse turvar a minha inocência, e sobretudo em não deixar-me ouvir nenhuma palavra que pudesse fazer deslizar no meu coração a vaidade. E como eu só fazia caso das tuas palavras e das de Maria [*a irmã mais velha*], e vós nunca me dirigistes uma única palavra de elogio, não dei maior importância àquelas palavras e olhares de admiração.

É tão fácil extraviar-se pelos caminhos floridos do mundo! É verdade que, para uma alma um tanto elevada, a doçura que ele lhe oferece anda misturada com amargura, e que o imenso vazio dos desejos nunca poderá preencher-se com os louvores de um instante... Mas se o meu coração não se tivesse elevado para Deus desde o seu primeiro despertar, se o mundo me tivesse sorrido desde a minha entrada na vida, que teria sido de mim?

Fazia grandes esforços para não me desculpar, o que me era muito difícil, especialmente com a nossa mestra [*de noviças*], a quem não teria querido ocultar coisa alguma. Eis a minha primeira vitória, que não foi grande, mas me custou muito:

Encontrou-se partido um vasinho colocado no peitoril de uma janela. A nossa mestra, pensando que tinha sido eu quem o tinha deixado cair, mostrou-mo dizendo que da próxima vez tivesse mais cuidado. Sem dizer nada, beijei o chão e prometi ser mais cuidadosa daí em diante.

Pela minha pouca virtude, estas pequenas práticas custavam-me muito, e tinha que valer-me do pensamento de que tudo se viria a saber no Juízo Final. Fazia esta reflexão: quando cumprimos o nosso dever, sem nunca nos desculparmos, ninguém o sabe. As imperfeições, pelo contrário, deixam-se ver imediatamente.

Um dia em que desejava particularmente ser humilhada, uma noviça encarregou-se tão bem de satisfazer-me, que imediatamente pensei em Semeí amaldiçoando Davi (2 Sm 16, 5-10), e disse a mim mesma: «É o Senhor que lhe manda dizer-me estas coisas».

É assim que o Senhor se digna cuidar de mim. Nem sempre pode dar-me o pão reconfortante da humilhação exterior, mas de vez em quando permite que «me alimente das migalhas que caem da mesa» dos filhos. Como é grande a sua misericórdia!

O Senhor é muito dono de servir-se de mim para dar a uma alma um bom pensamento [*referindo-se ao seu encargo de mestra de noviças*]. Se julgasse que esse pensamento me pertence, seria como «o asno que levava as relíquias» e que achava que as homenagens prestadas aos santos eram dirigidas a ele.

O que ninguém inveja é o último lugar. E esse é o único que não é vaidade e aflição de espírito... No entanto, às vezes verificamos com surpresa que estamos desejosas do que brilha. Então, coloquemo-nos humildemente entre os imperfeitos, consideremo-nos almas pequenas que Deus tem de amparar a cada instante.

Quando Ele nos vê profundamente convencidas do nosso nada, estende-nos a mão, mas se continuamos a tratar de fazer coisas grandes — mesmo que sob pretexto de zelo —, Jesus deixa-nos sós. Sim, basta suportarmos serenamente as nossas próprias imperfeições. Esta é a verdadeira santidade!

Para encontrar uma coisa escondida, é preciso esconder-se também. A nossa vida há de ser, pois, um mistério. Temos de parecer--nos com Jesus, cujo rosto estava escondido... «Quereis aprender algo que vos seja útil? — diz a *Imitação* —. Comprazei-vos em ser ignorados e tidos em nada». E em outro lugar: «Depois de termos deixado tudo, é necessário sobretudo que nos deixemos a nós mesmos».

Quando não nos compreendem ou nos julgam desfavoravelmente, para quê defendermo-nos ou dar explicações? Deixemo-lo passar, não digamos nada. É tão bom não dizer nada, deixar-se julgar, digam o que disserem...! No Evangelho, não vemos que Maria tivesse dado explicações quando a sua irmã a acusou de estar aos pés de Jesus sem fazer nada. Não disse: «Se soubesses, Marta, como sou feliz ouvindo o que estou ouvindo! Além disso, foi Jesus quem me disse para estar aqui». Não. Preferiu calar-se. Feliz silêncio, que dá tanta paz à alma! Como entendo bem as palavras de Nosso Senhor a Santa Teresa: «Sabes, minha filha, quem são os que me amam de verdade? Os que reconhecem que tudo o que não seja referido a Mim não é senão mentira». Que grande verdade me parece esta! Sim, fora de Deus, tudo é vaidade.

«Vaidade de vaidades, tudo é vaidade». Vaidade da vida que passa. Quanto mais vivo, mais verdade me parece que tudo é vaidade sobre a terra (*Carta* 58, fol. 1v).

Eu nunca fiz como Pilatos, que se negou a escutar a verdade. Eu sempre disse a Deus: «Meu Deus, eu quero escutar-te; por favor, responde-me quando te digo humildemente: O que é a verdade? Faz com que eu veja as coisas tal como são, e que nunca me deixe enganar pelas aparências».

Escuta uma história muito divertida. Um dia depois de ter tomado o hábito, sor Vicente de Paulo encontrou-me na cela da nossa Madre e exclamou: «Mas que cara de boa saúde! Como está forte esta moça! E que gorda!» Retirei-me toda confusa com o elogio, e eis que sor Madalena me parou diante da cozinha e me disse: «Mas em que te estás convertendo, minha pobrezinha sor Teresa do Menino Jesus! Estás emagrecendo a olhos vistos! A este passo, com esse rosto que faz tremer qualquer um, não poderás guardar a Regra por muito tempo».

Eu não saía do meu assombro ao escutar, uma após outra, opiniões tão opostas. Desde aquele momento, deixei de dar a menor importância à opinião das pessoas, e esta impressão cresceu dentro de mim de tal maneira que, atualmente, tanto as censuras como os elogios resvalam sobre mim sem deixar o menor rasto.

Reze pelo pobre grãozinho de areia. Que o grão de areia se conserve sempre no seu lugar, isto é, sob os pés de todos: que ninguém pense nele; que a sua existência seja por assim dizer ignorada [...]. Só deseja uma coisa: ser esquecido, ser tido em nada.

Mas deseja ser visto por Jesus. Se os olhares das criaturas não podem descer até ele, que ao menos a face ensanguentada de Jesus se volte para ele. Não deseja senão um olhar, um só olhar! Se um grão de areia pudesse consolar Jesus, enxugar as suas lágrimas, aqui está um que quereria fazê-lo! Que Jesus tome o pobre grão de areia e o esconda na sua face adorável... Ali o pobre não terá nada que temer; estará seguro de não poder tornar a pecar.

Como é fácil agradar a Jesus! A única coisa que temos de fazer é amá-lo sem olhar para nós mesmos e sem examinar demasiado os nossos defeitos.

Se a minha alma não estivesse de antemão totalmente dominada pelo abandono à vontade de Deus, se se deixasse inundar pelos sentimentos de alegria ou de tristeza que se sucedem tão rapidamente uns aos outros na terra, seria uma onda de dor muito amarga e não poderia suportá-la. Mas estas alternâncias só chegam a roçar a superfície da minha alma... Sempre gostei do que Deus me dava, a tal ponto que, se me tivesse dado a escolher, teria escolhido precisamente isso, mesmo as coisas que me pareciam menos boas e menos bonitas que as que tinham as outras.

O meu coração está cheio da vontade de Deus, e assim, quando lhe lançam alguma coisa em cima, não penetra no interior: é como uma insignificância que resvala facilmente, como o azeite, que não pode misturar-se com a água. Lá no fundo, vivo sempre numa paz profunda, que nada pode perturbar. Acho que os que corremos pelo caminho do amor não devemos pensar no que nos possa acontecer de doloroso no futuro, porque isso seria faltar à confiança e pôr-nos a ser criadores.

Esta noite, quando me disseste que o sr. De Cornière achava que me restava ainda um mês ou mais de vida, não saía do meu assombro: há uma diferença tão grande com o de ontem, quando dizia que era preciso sacramentar-me [*com a Unção dos Enfermos*] nesse mesmo dia! Mas deixou-me mergulhada numa profunda calma. Não desejo morrer mais do que viver. Gosto do que Deus faz.

Não desejo nem o sofrimento nem a morte, embora continue a amar os dois: mas é o *amor* a única coisa que me atrai... Desejei-os durante muito tempo. Possuí o sofrimento, e julguei tocar as bordas do céu, julguei que a florzinha ia ser cortada na sua primavera... Agora, só o abandono me guia; não tenho outra bússola...

Não me surpreende que não entendas nada do que se passa na tua alma. Um menininho completamente só no mar, numa barca perdida no meio das ondas, poderá saber se está perto ou longe do porto? Enquanto os seus olhos ainda divisam a margem de onde zarpou, sabe quanto caminho percorreu e, ao ver afastar-se a terra, não pode conter a sua alegria infantil. Em breve — diz para si mesmo — chegarei ao fim da viagem. Mas quanto mais se afasta da praia, mais vasto lhe parece também o oceano. Então a sua ciência vê-se reduzida a nada, e já não sabe para onde vai a sua barquinha. Como não sabe manobrar o leme, a única coisa que pode fazer é abandonar-se, deixar flutuar a vela à mercê do vento...

SOFRIMENTO E ALEGRIA

Na véspera desses dias afortunados [*os dias em que comungava*], Maria tomava-me sobre os joelhos e cuidava de preparar-me, como o tinha feito para a minha primeira comunhão. Lembro-me de que uma vez me falou do sofrimento, dizendo-me que, provavelmente, eu não andaria por esse caminho e que Deus me levaria sempre em seus braços como a uma criança...

No dia seguinte, depois da comunhão, as palavras de Maria voltaram-me ao pensamento e senti em meu coração um grande desejo de sofrer e, ao mesmo tempo, a íntima convicção de que Jesus me tinha reservado um grande número de cruzes. Senti-me inundada de tão grandes consolos que os considero como uma das maiores graças que recebi na minha vida.

O sofrimento converteu-se para mim num sonho dourado. Adivinhei os encantos que encerrava, e estes, mesmo sem os conhecer bem, atraíam-me fortemente. Até então, tinha sofrido sem *amar* o sofrimento; a partir daquele dia, senti por ele um verdadeiro amor.

Agora só me falta falar de Roma. Direi apenas as principais impressões que senti.

Uma das mais doces foi a que experimentei, e me fez estremecer, à vista do Coliseu.

Por fim via aquela arena em que tantos mártires tinham derramado o seu sangue por Jesus.

Já me via a beijar a terra que eles tinham santificado, mas que decepção! O interior não era senão um montão de escombros que os peregrinos tinham de contentar-se com olhar de longe, pois uma barreira impedia a entrada. E ninguém sentiu a tentação de procurar chegar àquelas ruínas...

Valia a pena ter ido a Roma e ficar sem descer ao Coliseu? Aquilo parecia-me impossível. Já não prestava atenção às explicações do guia; dominava-me um único pensamento: descer à arena...

Imediatamente transpusemos a barreira e fomos escalando as ruínas que se afundavam sob os nossos pés.

Celina, mais previdente que eu, tinha ouvido o guia e lembrava-se de que este acabara de indicar um pequeno lajeado marcado com uma cruz e dissera que aquele era o lugar onde os mártires combatiam. Pôs-se a procurá-lo e não tardou a encontrá-lo. Ajoelhando-nos sobre aquela terra sagrada, as nossas almas fundiram-se numa mesma oração...

O coração palpitava-me fortemente quando pousei os lábios sobre o pó [*outrora*] banhado pelo sangue dos mártires. Pedi a graça de ser também mártir por Jesus, e senti no fundo do coração que a minha oração era ouvida!

Lembro-me de que no mês de junho de 1888, no momento em que íamos sofrer as primeiras angústias, cheguei a afirmar: «Sofro muito, mas acho que posso suportar sofrimentos ainda maiores». Não imaginava então os que Deus me tinha reservado. Não sabia que, a 12 de fevereiro, um mês depois da minha tomada de hábito, o nosso querido pai beberia o mais amargo, o mais humilhante de todos os cálices [*por causa do derrame que tinha sofrido*]... Nesse dia, já não disse que podia sofrer ainda mais!

Um dia, no céu, gostaremos de falar das nossas «gloriosas» tribulações. Mas não nos alegramos já agora de as termos sofrido? Sim, os três anos do martírio de papai parecem-me os mais amáveis e os mais frutuosos anos de toda a nossa vida. Não os trocaria por todos os êxtases e revelações dos santos.

Há alguém na terra a quem Deus ame mais do que ao meu querido pai? Não posso acreditar... Hoje, além disso, Ele vem-nos dando a prova de que não me engano, pois põe sempre à prova aqueles que ama. E estou convencida de que faz sofrer tanto na terra para que os seus eleitos saboreiem melhor o céu. Ele diz que, no último dia, lhes enxugará todas as lágrimas dos olhos. E, sem dúvida alguma, quanto mais lágrimas houver que enxugar, tanto maior será a alegria (*Carta 68*, fol. 2r).

Como se terá arranjado Jesus para desligar assim as nossas almas de todo o criado? Sim, infligiu-nos um golpe muito duro, mas é um golpe de amor. Deus é digno de admiração, mas acima de tudo é digno de amor. Amemo-lo, pois; amemo-lo o bastante para sofrer por Ele tudo o que Ele quiser, incluídas as dores da alma, as aridezes, as angústias, as friezas aparentes. É um amor grande amar Jesus sem sentir as doçuras deste amor. É um verdadeiro martírio. Pois bem, morramos mártires! Entendes? É o martírio ignorado, só conhecido por Deus, martírio sem honra, sem triunfos... (*Carta* 94).

Querida irmãzinha [*Celina*], bem vês que também eu participo da tua alegria, que sei que é muito grande, mas sei também que não deixa de ser acompanhada pelos sacrifícios. Sem eles, seria meritória a nossa vida? Não, não é verdade? Pelo contrário, as pequenas cruzes são as que constituem toda a nossa alegria. Essas pequenas cruzes são mais comuns que as grandes, e preparam o nosso coração para receber estas quando o nosso Mestre assim o quiser.

Sim, é Ele e somente Ele que nos escuta quando ninguém nos responde... É somente Ele que dispõe os acontecimentos da nossa vida de desterro. É Ele quem nos oferece o cálice amargo. Mas nós não o vemos e Ele esconde-se, oculta a sua mão divina, e só conseguimos ver as criaturas. Então sofremos, porque a voz do nosso Amado não se deixa ouvir e a das criaturas parece desprezar-nos.

Sempre olho para o lado bom das coisas. Há os que tomam tudo da maneira que mais os faz sofrer. Comigo acontece o contrário. Quando não tenho senão o sofrimento puro, quando o céu se torna tão negro que não vejo nem um só claro entre as nuvens, faço disso a minha alegria... Pavoneio-me! As humilhações fazem com que me sinta mais gloriosa que uma rainha.

Só desejo uma coisa: sofrer sempre por Jesus. A vida passa tão depressa que, realmente, vale mais conseguir uma coroa muito bela com um pouco de dor do que uma ordinária sem valor.

Elevemo-nos acima do que é passageiro, mantenhamo-nos à distância da terra. Lá em cima o ar é puro. Jesus esconde-se, mas adivinhamo-lo... Derramando lágrimas, enxugamos as suas, e a Santíssima Virgem sorri.

Confesso-te que o meu coração tem uma sede ardente de felicidade, mas vê com muita clareza que nenhuma criatura é capaz de apagá-la. Pelo contrário, quanto mais bebe dessa fonte, mais ardente se faz a sua sede... Eu conheço outra fonte da qual, depois de ter bebido, se tem ainda sede, mas uma sede que não é ansiosa, e sim muito sossegada, porque tem onde satisfazer-se. Essa fonte é o sofrimento conhecido somente por Jesus...! (*Carta* 94).

Confesso que a palavra «paz» referida ao sofrimento me parece um pouco forte, mas o outro dia, refletindo sobre isso, encontrei o segredo para sofrer em paz. Quem diz paz não diz alegria, ou ao menos alegria sensível... Para sofrer em paz, basta querer tudo o que Jesus quiser.

O amor alimenta-se de sacrifícios. Quanto mais satisfações naturais a alma nega a si mesma, tanto mais forte e desinteressada se faz a sua ternura.

Celina, Jesus deve amar-te com um amor muito especial para provar-te assim; sabes que quase estou com ciúmes? Aos que mais amam, mais Ele os prova; aos que amam menos, prova-os menos (*Carta* 81).

As tribulações de Jesus. Que mistério! Também Ele tem tribulações? É claro que as tem, e com frequência se encontra só pisando o vinho no lagar. Procura consoladores e não os encontra... Muitos o servem quando os consola, mas poucos lhe fazem companhia quando sofre no Horto da agonia (*Carta* 165, fol. 2r).

Os grandes santos trabalharam pela glória de Deus, mas eu, que não passo de uma alma muito pequena, só trabalho para comprazê-lo, e sentir-me-ia feliz de suportar os maiores sofrimentos, nem que fosse apenas para fazê-lo sorrir uma única vez (*Últimas conversas*, 17, 7).

Ai, minha Madre, que omeletes, duras como solas de sapatos, me serviram na minha vida! Pensavam que era como eu gostava, totalmente ressecadas. Depois da minha morte [*disse-o pouco antes de morrer*], será preciso ter muito cuidado em não dar essa porcaria às pobres irmãs (*Últimas conversas*, 24, 7).

[*Contou a uma irmã que antes, para mortificar-se, pensava em coisas repugnantes enquanto comia; mais tarde, mudou de atitude*].

Depois pareceu-me mais simples oferecer a Deus aquilo de que gostava (*Últimas conversas*, 31, 8).

É muito fácil escrever coisas bonitas sobre o sofrimento. Mas escrever não significa nada, nada! É preciso passar por isso para sabê-lo (*Últimas conversas*, 25, 9).

[*Notas de um retiro feito por Teresa na primavera de 1899:*]

Jesus sofreu com tristeza... A primeira palavra da sua agonia foi: «Morro de tristeza». Nosso Senhor tem medo do seu cálice amargo, tem medo da sua santa vocação! Posso, pois, oferecer-lhe estes medos que me conturbam... Ele não conserva o sangue-frio, não permanece impassível. E eu me censuro pelas minhas aflições... Sente repulsa e repugnância pela sua vocação sagrada, e o seu sangue fluirá de todos os seus membros como prova dessa repulsa e repugnância. E eu estranho a repugnância que experimento com as angústias da natureza?...

Nosso Senhor chega até ao tédio, um sentimento bem baixo numa alma generosa. Mas suprimamos os tédios e os sentimentos de abandono, e onde ficarão as nossas provas?... E eu imaginava que não se devia sofrer pobremente, miseravelmente... «Deus nos livre — dizia um santo — de sofrer nobremente, rijamente, generosamente!» Sem essa cruz íntima do desalento, não o esqueçamos, todas as outras não seriam nada...

[*Permanece nos seus últimos meses de vida como uma doente normal, igual às outras, «que não pensa em muitas coisas»:*]

Minhas irmãs, rezai pelos pobres moribundos. Que pouco basta para perder a paciência!

[*Perguntam-lhe: «Como viveis agora a vossa pequena vida?»*]

Oh, a minha pequena vida é sofrer, e nada mais.

[*No entanto, com uma jovialidade não fingida («detesta o fingimento»), esforça-se por atenuar o que pode haver de dramático no seu estado e que aflige as suas irmãs. Não se respira uma atmosfera triste nessa enfermaria: «Quanto ao seu moral, é sempre a mesma, a jovialidade em pessoa, fazendo rir todos os que se aproximam dela»*. *«Há momentos em que se pagaria para estar ao lado dela»*. *«Penso que morrerá rindo, tão alegre como está»*. *Estas e outras coisas parecidas são as que escreve sor Maria da Eucaristia a seus pais.*]

Minha Madre, não vos entristeçais por ver-me doente, pois bem vedes como Deus me faz feliz. Estou sempre contente e alegre.

Irmã querida, um dia iremos para o céu, para sempre. E ali já não haverá dia e noite como na terra... Que alegria! (*Carta* 90, fol. 2r).

ANSEIOS E LOUCURAS
DE AMOR

Uma tarde, não sabendo como manifestar a Jesus que o amava e quão grande era o meu desejo de vê-lo amado e glorificado em toda a parte, pensei com dor que nunca poderia Ele receber do inferno um só ato de amor. Disse então a Deus que, para comprazê-lo, de bom grado me deixaria afundar naquele antro a fim de que também nesse lugar de blasfêmia fosse eternamente amado... Tinha a certeza de que semelhante coisa não poderia glorificá-lo, pois Ele não deseja senão a nossa felicidade, mas, quando se ama, sente-se a necessidade de dizer mil loucuras.

Se falava assim, não era porque o céu não despertasse o meu desejo, mas porque naquele momento o meu céu era para mim o amor, e estava convencida, como São Paulo, de que nada poderia separar-me do objeto divino que me tinha enfeitiçado.

Perdoa-me, Jesus, se desvario ao expor os meus desejos, as minhas esperanças, que beiram o infinito.

Ser tua esposa, Jesus, ser carmelita, ser pela minha união contigo mãe das almas, deveria bastar-me... Não é assim. Certamente, estes três privilégios constituem a minha vocação. No entanto, sinto em mim outras vocações.

Sinto a vocação de guerreiro, de sacerdote, de apóstolo, de doutor, de mártir. Numa palavra, sinto a necessidade, o desejo de realizar por Ti, Jesus, as ações mais heroicas.

Sinto na minha alma o valor de um cruzado, de um zuavo pontifício. Quereria morrer num campo de batalha em defesa da Igreja.

Sinto em mim a vocação de sacerdote. Com que amor, Jesus, te teria nas minhas mãos quando, à minha voz, descesses do céu... Com que amor te daria às almas!

Um soldado não tem medo do combate, e eu sou um soldado (*Últimas conversas*, 8, 7).

Apesar da minha pequenez, quereria iluminar as almas como os Profetas, como os Doutores.

Tenho a vocação de apóstolo. Quereria percorrer a terra, pregar o teu nome e plantar sobre o solo infiel a tua cruz gloriosa. Mas uma só missão não me seria suficiente. Desejaria anunciar ao mesmo tempo o Evangelho nas cinco partes do mundo, e até nas ilhas mais remotas...

Quereria ser missionário, não apenas durante uns anos, mas tê-lo sido desde a criação do mundo e continuar a sê-lo até a consumação dos séculos...

Mas desejaria sobretudo, meu amadíssimo Salvador, derramar por ti até a última gota do meu sangue...

O martírio! Este foi o sonho da minha juventude, e este sonho foi crescendo comigo sob os claustros do Carmelo... Mas sinto que também esse meu sonho é uma loucura, pois não poderia limitar-me a desejar um só gênero de martírio... Para satisfazer-me, necessitaria de padecê-los todos...

Como Tu, meu adorado Esposo, quereria ser flagelada e crucificada... Quereria morrer esfolada como São Bartolomeu... Quereria ser mergulhada em azeite a ferver como São João... Desejaria sofrer todos os suplícios infligidos aos mártires [...]. Ao pensar nos tormentos que sofrerão os cristãos no tempo do anticristo, o meu coração salta de júbilo, e desejaria que me fossem reservados esses tormentos.

Meu Jesus, que responderás a todas as minhas loucuras? Há porventura uma alma mais pequena, mais impotente que a minha? No entanto, foi precisamente esta minha debilidade que te levou, Senhor, a satisfazer os meus pequenos desejos infantis, e a que te leva hoje a satisfazer outros meus desejos, maiores que o universo...

Como estes desejos constituíam para mim, durante a oração, um verdadeiro martírio, abri um dia as Epístolas de São Paulo, para procurar nelas uma resposta. Os meus olhos caíram nos capítulos XII e XIII da primeira Epístola aos Coríntios.

Li no primeiro que nem todos podem ser apóstolos, profetas, doutores etc...; que a Igreja se compõe de diferentes membros e que o olho não poderia ser ao mesmo tempo mão.

A resposta era clara, mas não atendia aos meus desejos, não me dava paz.

Sem desanimar, continuei a ler, e reconfortou-me esta frase: «Procurai com ardor os dons mais perfeitos, mas eu vou mostrar-vos um caminho mais excelente». E o Apóstolo explica como todos os dons, mesmo os mais perfeitos, nada são sem o amor. Afirma que a caridade é o caminho por excelência que conduz a Deus.

Achei por fim o descanso... Ao considerar o corpo místico da Igreja, não me reconheci em nenhum dos membros descritos por São Paulo, ou melhor, queria reconhecer-me em todos...

A caridade deu-me a chave da minha vocação. Compreendi que, se a Igreja tem um corpo, não lhe há de faltar o mais necessário, o mais nobre de todos. Compreendi que a Igreja tem um coração, e que este coração arde de amor.

Compreendi que é só o amor que põe em movimento os membros da Igreja, que, se o amor chegasse a apagar-se, os apóstolos deixariam de anunciar o Evangelho, os mártires se recusariam a derramar o seu sangue...

Compreendi que o amor encerra todas as vocações, que o amor é tudo, que o amor abarca todos os tempos e todos os lugares; numa palavra, que o amor é eterno!

Então, no excesso da minha alegria delirante, exclamei: «Jesus, achei por fim a minha vocação. A minha vocação é o amor!»

Sim, achei o meu lugar na Igreja, e esse lugar, ó meu Deus, Vós mesmo mo destes: colocada no *coração* da Igreja, serei tudo! E assim se verá realizado o meu sonho.

GRAÇAS E PROVAS

Lembro-me de um sonho que devo ter tido por volta dos meus seis anos de idade, e que ficou gravado profundamente na minha imaginação. Uma noite, sonhei que ia sair ao jardim para dar um passeio. Ao chegar ao pé da escada que tinha de subir para chegar lá, parei assustada. Diante de mim, perto da cerca de parreiras, havia um barril de cal e sobre ele dançavam dois horríveis diabinhos com uma agilidade assombrosa, apesar de terem os pés presos a umas tábuas. De repente, fixaram os olhos chamejantes em mim e depois, nesse mesmo momento, como se estivessem ainda mais assustados que eu, saltaram do barril e foram esconder-se na rouparia que estava ali em frente. Vendo que eram tão pouco valentes, quis saber o que iam fazer e aproximei-me da janela. Ali estavam os pobres diabinhos, correndo por cima das mesas e sem saberem o que fazer para fugir do meu olhar; de vez em quando, aproximavam-se da janela e, ao verem-me, voltavam a correr como desesperados.

Certamente este sonho não tem nada de extraordinário. Mas penso que Deus quis que eu o recordasse sempre para fazer-me ver que uma alma em estado de graça não tem nada a temer dos demônios, que são uns covardes, capazes de fugir ante o olhar de uma criança...

Um dia em que as dificuldades me pareciam insuperáveis, disse a Jesus na minha ação de graças: «Sabeis, meu Deus, como é vivo o meu desejo de saber se papai foi *direto* para o céu. Não Vos peço que me faleis, dai-me somente um sinal. Se sor A. de J. consentir na entrada de Celina [*como carmelita*], ou pelo menos não puser obstáculos, essa será a resposta de que papai foi diretamente unir-se a Vós.

Essa irmã, como sabeis, minha Madre, achava que três já éramos demasiadas, e por conseguinte negava-se a admitir outra. Mas Deus, que tem na sua mão o coração das criaturas e o manobra como quer, mudou-

-lhe as disposições. A primeira pessoa que encontrei ao sair da ação de graças foi ela precisamente. Chamou-me com um gesto amável [...] e falou-me de Celina com lágrimas nos olhos. Quantos motivos tenho para dar graças a Jesus, que soube satisfazer todos os meus desejos!

Permitiu o Senhor que a minha alma fosse invadida pelas trevas mais densas, e que o pensamento do céu, tão doce para mim, não fosse já senão um motivo de combate e de tormento.

Esta prova não duraria apenas uns dias, umas semanas, mas havia de prolongar-se até a hora marcada por Deus, e... essa hora ainda não soou...

Quereria exprimir o que sinto, mas creio que é impossível. É necessário ter caminhado por este sombrio túnel para compreender a sua escuridão. Mas vou tentar explicá-lo por meio de uma comparação.

Imagino ter nascido num país coberto de densa bruma, sem nunca me ter sido dado contemplar o aspecto risonho da natureza inundada de luz, transfigurada pelo sol resplandecente [...].

Parece-me que as trevas, apropriando-se da voz dos pecadores, me dizem zombando de mim: «Sonhas com a luz, com uma pátria aromatizada com os perfumes mais suaves. Sonhas com a posse eterna do Criador de todas essas maravilhas. Julgas poder sair um dia das trevas que te rodeiam. Vem! Vem! Rejubila-te com a morte, que te dará, não o que tu esperas, mas uma noite ainda mais profunda, *a noite do nada*».

Queridíssima Madre, a imagem que quis dar-vos das trevas que obscurecem a minha alma é tão imperfeita como o é um esboço comparado com o modelo. Mas não quero estender-me mais; temeria blasfemar... Até tenho medo de ter dito demasiado...

Quando canto a felicidade do céu, a eterna posse de Deus, não sinto nenhuma alegria, pois canto apenas o que *quero crer* (Henri Ghéon, *Teresa de Lisieux*, p. 184).

Mas Ele sabe muito bem que, embora eu não goze da *alegria da fé*, procuro ao menos realizar as suas *obras*. Penso ter feito mais atos de fé de um ano para cá do que em toda a minha vida. Cada vez que o combate se apresenta, quando o meu inimigo vem provocar-me, comporto-me com valentia. Sabendo que bater-se em duelo é uma covardia, viro as costas ao meu adversário sem dignar-me sequer olhar-lhe a cara.

Mas corro para o meu Jesus, digo-lhe que estou disposta a derramar até a última gota do meu sangue para confessar que existe um *céu*. Digo-lhe que me alegro de não gozar desse formoso céu na terra, a fim de que Ele o abra na eternidade aos pobres incrédulos.

Assim, apesar desta prova, que me rouba todo o gozo, ainda posso exclamar: «Senhor, cumulais-me de alegria com tudo o que fazeis» (Sl 91). Porque há alegria maior que a de sofrer por vosso amor? Quanto mais íntimo é o sofrimento, tanto menor aparece aos olhos das criaturas, e tanto mais vos alegra, ó meu Deus! Mas se, por um impossível, Vós mesmo tivésseis de ignorar o meu sofrimento, ainda assim eu me sentiria feliz de sofrê-lo, se com ele pudesse impedir ou reparar um só pecado cometido contra a fé.

Minha queridíssima Madre, talvez vos pareça que exagero a minha prova. Se me julgais pelos sentimentos que manifesto nas pequenas poesias que compus este ano, devo parecer-vos uma alma cheia de consolos para quem quase rasgou o véu da fé. E, no entanto, isto já não é para mim um véu, mas um muro que se eleva até os céus e cobre o firmamento estrelado.

Quando canto a felicidade do céu, a eterna posse de Deus, não experimento alegria nenhuma, porque canto simplesmente o que *quero crer*. Algumas vezes, é verdade, um pequeno raio de sol vem clarear as minhas trevas; então aprecio-o por um instante, mas depois a recordação desse raio de luz, em vez de causar-me alegria, adensa mais as minhas trevas.

Nunca experimentei tão bem como agora como o Senhor é doce e misericordioso. Não me mandou antes esta prova, mas no momento em que me encontro com forças para suportá-la, porque, de contrário, acho que me teria afundado no desalento. Agora ela faz desaparecer tudo o que de satisfação natural poderia ter havido no desejo que eu tinha do céu... Queridíssima Madre, parece-me que agora já nada me impede de voar, pois já não tenho grandes desejos a não ser o de amar até morrer de amor...

Mas quão doce nos soará um dia aquela palavra de Jesus: «Vós sois os que permanecestes comigo nas minhas tribulações, e eu vos transmito o Reino como meu Pai o transmitiu a mim»! (*Carta* 165, fol. 2r).

Ofereço estes tormentos tão grandes para obter a luz da fé para os pobres incrédulos e para todos os que vivem afastados do credo da Igreja. Sofro-os à força, mas, enquanto os sofro, não cesso de fazer atos de fé (*Últimas conversas*, 8).

Muitas vezes, sem que nós o saibamos, devemos as graças e luzes que recebemos a uma alma escondida, porque Deus quer que os santos comuniquem a graça uns aos outros por meio da oração, para que no céu se amem com um grande amor, com um amor ainda maior que o amor da família, mesmo da família mais ideal da terra. Quantas vezes não tenho pensado se não deverei todas as graças que tenho recebido às orações de uma alma que pedia por mim a Deus e a quem só conhecerei no céu!

Que graça ter fé! Se não a tivesse, teria posto fim à minha vida sem hesitar um instante (*Últimas conversas*, 22, 9).

VOCAÇÃO

Abrindo o Evangelho, os meus olhos depararam com estas palavras: «Jesus subiu ao monte e chamou os que quis. E foram com Ele» (Mc 3, 13) Este é o mistério da minha vocação, da minha vida inteira [...]. Ele não chama os que são dignos, mas os que quer, ou, como diz São Paulo: «Terei misericórdia de quem quiser e terei compaixão de quem me aprouver. A escolha não depende, pois, daquele que quer, nem daquele que corre, mas da misericórdia de Deus» (Rm 9, 15-16).

A minha entrada no Carmelo não era um sonho de menina que se deixa entusiasmar facilmente, mas a certeza de uma chamada de Deus: queria ir para o Carmelo só por Jesus.

A chamada divina era tão premente que, se tivesse de passar pelo meio das chamas, tê-lo-ia feito para ser fiel a Jesus. Enfim, se não tivesse tido verdadeira vocação, teria voltado atrás desde o primeiro momento, porque, mal comecei a responder à chamada de Jesus, comecei a encontrar obstáculos.

O que não sabia era que meio empregar para dizê-lo a papai... Como falar-lhe de separar-se da sua rainha, a ele que acabava de sacrificar as suas três filhas mais velhas? Mas tinha que decidir-me. Ia fazer catorze anos e meio. Escolhi o dia de Pentecostes para fazer-lhe a minha grande confidência, mas só encontrei a ocasião ao cair da tarde. Papai tinha ido sentar-se à borda do poço e dali, com as mãos juntas, contemplava as maravilhas da natureza. O seu belo rosto tinha uma expressão celestial e compreendi que o seu coração estava inundado de paz.

Fui sentar-me ao seu lado, com os olhos banhados em lágrimas. Olhou-me com ternura e, tomando-me a cabeça, apoiou-a no seu peito, dizendo-me: «Que tens, minha pequena rainha? Conta-me...» Por entre as lágrimas, confiei-lhe o meu desejo de entrar no Carmelo, e então as suas lágrimas misturaram-se com as minhas. Mas não disse nem uma palavra para fazer-me desistir da minha vocação. Contentou-se com fazer-me notar que eu era ainda muito jovem para tomar uma decisão tão grave.

Mas eu defendi tão bem a minha causa que papai, com o seu modo de ser simples e reto, ficou logo convencido de que o meu desejo era o de Deus, e, com a sua fé profunda, disse-me que Deus lhe fazia uma grande honra ao pedir-lhe assim as suas filhas.

Havia algum tempo que eu me tinha oferecido a Jesus para ser o seu brinquedinho. Tinha-lhe dito que não me tratasse como um brinquedo caro, que as crianças se contentam com olhar sem atrever-se a tocar, mas como uma bolinha sem nenhum valor que Ele podia atirar ao chão, chutar, *furar*, abandonar num canto ou então estreitá-la contra o coração, se lhe apetecesse. Numa palavra, eu queria *divertir* o pequeno Jesus, comprazê-lo, entregar-me aos seus *caprichos infantis*. Ele deu ouvidos à minha oração.

Em Roma, furou o seu brinquedinho [*o Papa, a quem pediu que a autorizasse a entrar no Carmelo aos quinze anos, remeteu-a bondosamente para o juízo das superioras*]. Queria ver o que havia dentro. E depois de tê-lo visto, satisfeito com a sua descoberta, deixou cair ao chão a sua bolinha e adormeceu...

Que fez enquanto dormia docemente, e que foi da bola abandonada?

Jesus sonhou que continuava a divertir-se com o seu brinquedo, deixando-o e apanhando-o alternadamente. E depois sonhou que, após tê-lo feito rolar até muito longe, o estreitava contra o coração, sem permitir que já nunca mais se afastasse da sua mãozinha...

Por fim, chegou o belo dia das minhas bodas [*da profissão religiosa*]. Foi um dia sem nuvens. Mas, na véspera, levantou-se na minha alma a maior tempestade que tinha conhecido até então na minha vida.

Nunca me tinha vindo ao pensamento uma só dúvida acerca da minha vocação. Era necessário que passasse por essa prova. À noite, fazendo a Via-Sacra depois das matinas, meteu-se-me na cabeça que a minha vocação era um sonho, uma quimera...

A vida do Carmelo parecia-me muito bela, mas o demônio inspirava-me a certeza de que não era feita para mim, de que enganaria as superioras se me empenhasse em seguir um caminho a que não estava chamada...

As minhas trevas eram tão grandes que não via nem compreendia senão uma coisa: eu não tinha vocação!

Como descrever a angústia da minha alma? Parecia-me (pensamento absurdo que demonstra até que ponto era uma tentação do demônio) que, se comunicasse os meus temores à minha mestra [*de noviças*], esta me impediria de pronunciar os meus santos votos.

Não obstante, preferia cumprir a vontade de Deus e voltar ao mundo a ficar no Carmelo cumprindo a minha. Fiz, pois sair [*do coro*] a minha mestra e, cheia de confusão, manifestei-lhe o estado da minha alma.

Felizmente, ela viu mais claro do que eu e tranquilizou-me por completo. Além disso, o ato de humildade que tinha feito acabava de pôr em fuga o demônio, que talvez pensasse que eu não me atreveria a confessar a minha tentação. As minhas dúvidas desapareceram.

Mas, para completar o meu ato de humildade, quis comunicar a minha estranha tentação também à nossa Madre, e ela contentou-se com dar uma gargalhada.

A alegria que experimentava era tranquila. Nem o mais leve zéfiro fazia ondular as águas serenas sobre as quais navegava a minha navezinha, nem uma nuvem escurecia o céu azul... Com que profunda alegria repetia estas palavras: «Estou aqui para sempre, para sempre».

Aquela felicidade não era efêmera, não se desvaneceria com «as ilusões dos primeiros dias». As ilusões! Deus concedeu-me a graça de não levar *nenhuma* ao entrar no Carmelo. Achei a vida religiosa tal como a tinha imaginado. Nenhum sacrifício me surpreendeu. E, no entanto, vós sabeis, querida Madre, que os meus primeiros passos encontraram mais espinhos que rosas. Sim, o sofrimento estendeu-me os braços e eu lancei-me neles com amor.

O teu coração foi feito para amar Jesus, para amá-lo apaixonadamente. Pede-lhe que os anos mais bonitos da tua vida não transcorram entre inúteis medos quiméricos (*Carta* 92, fol. 2v).

Já que o nosso coração é apenas um, demo-lo todo inteiro a Jesus (*Carta* 102, fol. 5).

O teu coração, aí está o que Ele ambiciona (*Carta* 109, fol. 5).

Ele sabe muito bem que os corações aos quais se dirige compreendem que «a maior honra que Deus pode fazer a uma alma não é dar-lhe muito, mas pedir-lhe muito» (*Carta* 172, fol. 1v).

[*Palavras de Teresa de Lisieux no próprio dia da sua morte:*]
Eu não me arrependo de ter-me entregado ao Amor. Não, não me arrependo. Pelo contrário!

SEDE DE ALMAS

O grito de Jesus na Cruz ressoava continuamente no meu coração: «Tenho sede». Estas palavras acendiam em mim um ardor desconhecido e vivíssimo. Desejava dar de beber ao meu Amado e eu mesma me sentia devorada pela sede de almas... Não eram tanto as almas dos sacerdotes que me atraíam, mas as dos grandes pecadores; ardia em desejos de arrancá-las ao fogo eterno.

Ouvi falar de um grande criminoso que acabava de ser condenado à morte pelos seus crimes horríveis. Tudo fazia crer que morreria impenitente. Propus-me impedir a todo o custo que caísse no inferno.

Sabendo que, por mim mesma, nada podia, ofereci a Deus todos os méritos infinitos de Nosso Senhor, os tesouros da Santa Igreja. Por último, supliquei a Celina que mandasse celebrar uma Missa pelas minhas intenções, sem me atrever a encomendá-la eu mesma pelo receio de ver-me obrigada a manifestar que era por Pranzini, o grande criminoso.

No dia seguinte ao da sua execução, caiu-me nas mãos o jornal *La Croix*. Abri-o apressadamente, e o que foi que vi? Pranzini não se tinha confessado, tinha subido ao cadafalso, e ia meter a cabeça no lúgubre buraco, quando de repente, tocado por uma súbita inspiração, se voltou, tomou o crucifixo que o sacerdote lhe apresentava e beijou por três vezes as sagradas chagas! Depois a sua alma voou para receber a sentença misericordiosa dAquele que disse que haveria mais alegria no céu por um só pecador que se convertesse do que por noventa e nove justos que não tivessem necessidade de converter-se...

Tinha eu dito a Deus que estava seguríssima de que perdoaria o pobre e infeliz Pranzini, e que assim acreditaria mesmo que não se confessasse nem desse nenhuma mostra de arrependimento, tanta era a confiança que tinha na misericórdia de Jesus; mas que, para animar-me a continuar a pedir pelos pecadores, e simplesmente para meu consolo, lhe pedia apenas um sinal de arrependimento. A minha oração foi escutada ao pé da letra.

Senhor, Tu sabes que eu não tenho outros tesouros senão as almas que quiseste unir à minha. Por isso atrevo-me a fazer minhas as palavras que dirigiste ao Pai celestial na última noite em que te viu, peregrino e mortal, na nossa terra. Eu não sei quando acabará o meu desterro, mas também para mim chegará a última noite, e então quereria poder dizer-te, meu Deus: «Eu te glorifiquei na terra, coroei a obra que me confiaste. Dei a conhecer o teu nome aos que me deste. Eram teus e Tu mos deste. Agora souberam que tudo o que me deste procede de Ti, porque lhes comuniquei as palavras que Tu me deste, e eles as receberam e creram que Tu me enviaste. Rogo-te por estes que Tu me deste e que são teus. Não te peço que os tires do mundo, mas que os preserves do mal. Pai, este é o meu desejo: que os que me confiaste estejam comigo e que o mundo saiba que Tu os amaste como me amaste a mim».

Ofereçamos os nossos sofrimentos a Jesus para salvar almas. Pobres almas! Têm menos graças que nós, e no entanto todo o sangue de um Deus se derramou para salvá-las... E Jesus quer fazer depender a sua salvação de um suspiro do nosso coração... Que grande mistério! Se um só suspiro pode salvar uma alma, o que não poderão fazer sofrimentos como os nossos! Não recusemos nada a Jesus! (*Carta* 85).

Se soubesses quanto se ofende a Deus! A tua alma está bem feita para consolá-lo. Ama-o até à loucura por todos os que não o amam! (*Carta* 94).

Durante os curtos instantes que nos restam, não percamos o tempo, salvemos almas. As almas perdem-se como flocos de neve, e Jesus chora, e nós pensamos nas nossas dores sem consolar Jesus... (*Carta* 94).

A nossa missão é esquecer-nos de nós mesmos. Somos tão pouca coisa! E, não obstante, Jesus quer que a salvação das almas dependa dos nossos sacrifícios e do nosso amor. Ele mendiga-nos almas. Compreendamos o seu olhar! São tão poucos os que sabem compreendê-lo! (*Carta* 96).

Consolemos juntas Jesus de todas as ingratidões das almas, façamos com o nosso amor que se esqueça das suas dores (*Carta* 119).

Os mais belos discursos dos maiores santos não conseguiriam fazer brotar um só ato de amor de um coração, se Jesus não se tivesse apoderado dele. Só Ele sabe servir-se da sua lira; ninguém mais pode fazer vibrar as suas notas harmoniosas. Mas Jesus serve-se de todos os meios, todas as criaturas estão ao seu serviço, e Ele gosta de utilizá-las durante a noite da vida para ocultar a sua presença adorável. Mas não se oculta tanto que não se deixe adivinhar (*Carta* 147).

Almas, Senhor, precisamos de almas..., sobretudo de almas de apóstolos e de mártires, para que graças a elas possamos iluminar a multidão dos pobres corações (*Consagração à Sagrada Face*).

Não quereria nem sequer apanhar do chão um alfinete para evitar o purgatório. Tudo o que fiz foi para agradar a Deus e para salvar almas (*Últimas conversas*, 30, 8).

Não quero deixar que se perca o Sangue precioso. Passarei a minha vida recolhendo-o para as almas (*Últimas conversas*, 1, 8).

Um dia, enquanto pensava o que poderia fazer para salvar almas, encheram-me de luz umas palavras do Evangelho. Certa vez, mostrando aos Apóstolos os campos de messes maduras, Jesus disse: «Levantai os olhos e vede os campos, que já estão brancos para a ceifa». E um pouco mais tarde: «A messe é muita, mas os operários são poucos; rogai, pois, ao Senhor da messe que mande operários para a sua messe». Que grande mistério! Não é Jesus todo-poderoso? Não pertencem as criaturas a quem as fez? Então, por que diz: «Rogai ao Senhor da messe que envie operários»? Por quê? Ah, é que Jesus sente por nós um amor tão incompreensível que quer que tomemos parte com Ele na salvação das almas. Ele não quer fazer nada sem nós. O Criador do universo espera a oração de uma pobre alma para salvar as demais almas, resgatadas como ela ao preço de todo o seu sangue.

Se o quadro pintado por um artista pudesse pensar e falar, certamente não se queixaria de ser tocado e retocado por um *pincel*; e também não invejaria a sorte desse instrumento, pois saberia que não é ao pincel, mas ao artista que o maneja, que deve a beleza de que está revestido.

O pincel, por sua vez, não poderia gloriar--se da obra-mestra realizada por ele. Sabe que os artistas não encontram obstáculos, que se riem das dificuldades, e que se comprazem por vezes em escolher instrumentos fracos e defeituosos.

Minha queridíssima Madre, eu sou um pequeno pincel que Jesus escolheu para pintar a sua imagem nas almas que me confiastes [*como mestra de noviças*].

Madre, desde que compreendi que não podia fazer nada por mim mesma, a tarefa que me encomendastes deixou de parecer-me difícil. Vi que a única coisa necessária era unir-me cada dia mais a Jesus e que tudo o mais me seria dado por acréscimo. E a minha esperança nunca se viu frustrada. Aprouve a Deus encher a minha mãozinha quantas vezes foi necessário para que eu pudesse alimentar a alma das minhas irmãs. Confesso-vos, querida Madre, que se me tivesse apoiado por pouco que fosse nas minhas próprias forças, em breve teria entregado as armas.

[*A 17 de julho, meses antes de falecer, teve esta frase que se tornaria famosa:*]

Pressinto sobretudo que a minha missão vai começar: a minha missão de fazer amar a Deus como eu o amo, de dar às almas o meu pequeno caminho. Se Deus escutar os meus desejos, passarei o meu céu na terra até o fim do mundo. Sim, quero passar o meu céu fazendo o bem na terra.

Não sentireis pena com a minha morte; farei cair uma *chuva de rosas* (Henri Ghéon, *Teresa de Lisieux*, p. 182).

Amar, ser amado [*por Deus*] e voltar à terra para fazer amar o Amor (Henri Ghéon, *Teresa de Lisieux*, p. 189).

CARIDADE

Neste ano, querida Madre, Deus concedeu-me a graça de compreender o que é a caridade. É verdade que também antes a compreendia, mas de maneira imperfeita. Não tinha aprofundado nestas palavras de Jesus: «O segundo mandamento é semelhante ao primeiro: Amarás o próximo como a ti mesmo». Eu me dedicava sobretudo a amar a Deus. E amando-o, compreendi que o meu amor não devia traduzir-se apenas em palavras, porque «nem todo o que diz "Senhor, Senhor", entrará no reino dos céus, mas aquele que cumpre a vontade de Deus». E Jesus deu a conhecer esta vontade muitas vezes, deveria dizer quase em cada palavra do seu Evangelho. Mas na Última Ceia, quando sabia que o coração dos seus discípulos ardia com um amor mais vivo por Ele, que acabava de entregar-se a eles no mistério da Eucaristia, o nosso Salvador quis dar-lhes um mandamento novo. E disse-lhes com inefável ternura: «Dou-vos um mandamento novo: que vos ameis uns aos outros como eu vos amei. O sinal pelo qual todos saberão que sois meus discípulos será que vos amais uns aos outros».

E como amou Jesus os seus discípulos, e por que os amou? Não, não eram as qualidades naturais deles que podiam atraí-lo. Entre eles e Ele havia uma distância infinita. [...] No entanto, Jesus chama-os amigos e seus irmãos. Quer vê-los reinar com Ele no reino de seu Pai, quer morrer numa cruz, pois disse: «Ninguém tem maior amor que aquele que dá a vida pelos seus amigos».

Querida Madre, meditando nestas palavras de Jesus, compreendi como era imperfeito o meu amor pelas minhas irmãs e vi que não as amava como Deus as ama. Sim, agora compreendo que a caridade perfeita consiste em suportar os defeitos dos outros, em não estranhar as suas fraquezas, em edificar-se com os menores atos de virtude que os vejamos praticar. Mas sobretudo compreendi que a caridade não deve ficar encerrada no fundo do coração. «Ninguém — disse Jesus — acende uma lâmpada para metê-la debaixo do alqueire, mas para pô-la no candeeiro e que alumie todos os da casa».

Sim, bem o sei: quando sou caritativa, é unicamente Jesus quem atua em mim. Quanto mais unida estou a Ele, mais amo todas as minhas irmãs. Quando quero que esse amor cresça em mim, e sobretudo quando o demónio tenta pôr diante dos olhos da minha alma os defeitos desta ou daquela irmã que me é menos simpática, apresso-me a procurar as suas virtudes e os seus bons desejos, penso que, se a vi cair alguma vez, por outro lado pode ter conseguido um grande número de vitórias que esconde por humildade, e que mesmo o que me parece uma falta pode muito bem ser, pela sua reta intenção, um ato de virtude.

Há nesta comunidade uma irmã que tem o dom de desagradar-me em tudo. Os seus modos, as suas palavras, o seu caráter são-me extremamente desagradáveis. No entanto, é uma santa religiosa, que deve ser sumamente agradável a Deus.

Para não ceder à antipatia natural que experimentava, disse a mim mesma que a caridade não devia consistir em simples sentimentos, mas em obras, e dediquei-me a tratar essa irmã como teria feito com a pessoa a quem mais quero. Sempre que a encontrava, pedia a Deus por ela, oferecendo-lhe todas as suas virtudes e méritos.

Não me conformava com rezar muito por essa irmã que era para mim motivo de tanta luta. Procurava prestar-lhe todos os serviços que podia, e, quando sentia a tentação de responder-lhe de maneira desagradável, limitava-me a dirigir-lhe o mais encantador dos meus sorrisos e procurava mudar de conversa.

Como ela ignorava por completo o que eu sentia pela sua pessoa, nunca suspeitou dos motivos da minha conduta, e vive convencida de que o seu caráter me é agradável. Um dia, no recreio, disse-me com ar muito satisfeito mais ou menos estas palavras: «Quererá dizer-me, irmã Teresa do Menino Jesus, o que é que a atrai tanto em mim? Sempre que me olha, vejo-a sorrir». Respondi-lhe que sorria porque me alegrava vê-la (é claro que não acrescentei que era por um motivo espiritual, *que o que a inclinava para ela era Jesus, unicamente Jesus*).

Diz o Senhor em São Mateus: «Ouvistes que foi dito: Amarás o teu amigo e odiarás o teu inimigo. Mas eu vos digo: amai os vossos inimigos, rogai pelos que vos perseguem».

É certo que no Carmelo não há inimigos, mas, ao fim e ao cabo, há simpatias. Uma irmã atrai-vos, ao passo que outra vos faz dar um rodeio para evitar encontrá-la, convertendo-se assim, sem ela o saber, em objeto de «perseguição». Pois bem, Jesus diz-me que a essa irmã, é preciso amá-la, que é preciso rezar por ela, mesmo que a sua conduta me induza a pensar que ela não me ama: «Se amais os que vos amam, que mérito tereis?» (Lc 6).

Disse Jesus: «A quem quiser levar-te a juízo para tirar-te a túnica, dá-lhe também a capa». Dar-lhe também a capa, penso eu, é renunciar aos nossos últimos direitos, considerar-nos como a serva e escrava das outras.

Quando se entregou a capa, é mais fácil caminhar, correr. Por isso Jesus acrescenta: «A quem te exija que dês com ele mil passos, acompanha-o outros mil». De modo que não basta que eu dê a quem me peça; devo antecipar-me aos seus desejos, mostrar-me muito agradecida e honrada de poder prestar-lhe um serviço.

Uma palavra, um sorriso amável bastam muitas vezes para alegrar uma alma triste.

[*Pouco antes de morrer no meio dos maiores sofrimentos:*]
Quando sofro muito, alegro-me de ser eu quem sofre; alegro-me de que não seja uma de vós (*Últimas conversas*, 9, 5).

VERDADEIRA POBREZA

Talvez te lembres, Madre, de que antes gostava de chamar-me a mim mesma «o brinquedinho de Jesus». Ainda agora sou feliz em sê-lo. Só que pensei que o divino Menino tem muitas outras almas cheias de virtudes sublimes que se consideram também «seus brinquedos»; e então pensei que elas eram os seus brinquedos de luxo e que a minha pobre alma não passava de um brinquedinho sem valor... E, para consolar-me, disse a mim mesma que muitas vezes as crianças se divertem mais com os brinquedos que podem atirar para longe ou apanhar, desfazer ou beijar como lhes apetece, do que com outros de maior valor que quase nem se atrevem a tocar... Então alegrei-me de ser pobre e desejei sê-lo cada dia mais, para que Jesus gostasse cada vez mais de brincar comigo.

Uma noite, depois das completas, procurei em vão a nossa pequena lâmpada nas prateleiras destinadas a esse uso. Estávamos em silêncio rigoroso e era, pois, impossível reclamá-la.

Compreendi que alguma irmã, julgando tratar-se da sua lâmpada, tinha levado a nossa. Apesar da grande falta que me fazia, em vez de sofrer por ver-me privada dela, alegrei-me muito, pensando que a pobreza consiste, não apenas em ver-se privado das coisas agradáveis, mas também das indispensáveis.

Dizia Jesus que não quer que reclame o que me pertence. Isto deveria parecer-me fácil e natural, já que não tenho nada de meu. Não tenho, pois, o direito de queixar-me, se me tiram uma coisa que não me pertence.

Tempos atrás, julgava não estar apegada a nada, mas, desde que compreendi as palavras de Jesus, vejo que, quando chega a ocasião, sou muito imperfeita.

Por exemplo, no ateliê de pintura não há nada que seja meu, sei-o muito bem. Mas se, ao pôr-me a trabalhar, encontro os pincéis e as pinturas em desordem, se desapareceu uma régua ou um canivete, quase perco a paciência, e tenho de fazer das tripas coração para não reclamar com aspereza os objetos que me faltam.

Escutemos Jesus que nos diz: «Desce depressa, porque hoje convém que eu me hospede em tua casa». Mas como? Aonde temos que descer? Uma vez os judeus perguntaram a Jesus: «Mestre onde moras?», e Ele respondeu-lhes: «As raposas têm as suas tocas e os pássaros do céu os seus ninhos; mas eu não tenho onde reclinar a cabeça». É até aí que devemos descer. Para podermos servir de morada a Jesus, temos de fazer-nos tão pobres que não tenhamos onde reclinar a cabeça.

O que Jesus deseja é que o recebamos nos nossos corações. Estes estão sem dúvida vazios de criaturas, mas sinto lamentavelmente que o meu não está totalmente vazio de mim mesma, e é por isso que Jesus me manda descer...

És tu, ó pobreza, o meu primeiro sacrifício. Levar-te-ei comigo até à morte.

Sei que o atleta, posto no estádio, de tudo se despoja para correr. Saboreai, mundanos, a vossa angústia e pena, os frutos amargos da vossa vaidade; eu, jubilosa, alcançarei na arena da pobreza as palmas triunfais.

Jesus disse que «o reino dos céus se conquista pela violência»; a pobreza servir-me-á de lança e de gloriosa couraça (*Poesias* 68, 2).

Diz São Francisco de Sales: «Quando o fogo do amor se aninha num coração, todos os móveis voam pelas janelas». Não, não deixemos nada, nada no nosso coração, a não ser Jesus (*Carta* 89, fol. 2v).

Sentimos uma paz tão grande quando nos sabemos absolutamente pobres e não contamos senão com Deus! (*Últimas conversas*, 6, 8).

Se soubesses como quero ser indiferente às coisas da terra! Que me importam todas as belezas criadas? Seria infeliz possuindo-as. O meu coração estaria tão vazio!

É incrível como me parece grande o meu coração quando contemplo todos os tesouros da terra, pois vejo claramente que todos juntos não o poderiam preencher; mas que pequeno me parece quando contemplo Jesus. Quereria amá-lo tanto! Amá-lo como nunca ninguém o amou! O meu desejo é fazer sempre a vontade de Jesus, enxugar as lágrimas que os pecadores o fazem derramar...

NOSSA SENHORA

[*Aos nove anos de idade, nos começos de 1883, Teresa foi acometida de uma dor de cabeça contínua, que deu lugar a um estado de grande agitação: os seus grandes olhos fitavam esgazeados, saltava da cama e as irmãs tinham de empregar a força para levá-la de volta, os objetos transformavam-se em figuras aterradoras... A 13 de maio, enquanto as irmãs se dirigiam à imagem de Nossa Senhora do quarto da doente, suplicando-lhe que a curasse, «de repente — conta Teresa — a Virgem Maria tornou-se bela [...], o seu rosto respirava doçura, bondade e uma ternura inefáveis. Mas o que me penetrou até o fundo da alma foi o seu sorriso encantador. Todas as minhas dores desapareceram».*]

A Santíssima Virgem deu-me a entender claramente que tinha sido Ela, na verdade, quem me tinha sorrido e curado. Compreendi que velava por mim, que eu era sua filha e que, sendo assim, não podia dar-lhe outro nome que o de «Mamãe», pois me parecia ainda mais terno que o de Mãe.

Às vezes, surpreendo-me dizendo: «Querida Santíssima Virgem, parece-me que sou mais ditosa do que Tu, porque eu te tenho por Mãe, ao passo que Tu não tens uma Santíssima Virgem a quem amar... É verdade que Tu és a Mãe de Jesus, mas esse Jesus, Tu no-lo deste por inteiro a nós, e Ele, da cruz, te deu a nós por Mãe. Por isso nós somos mais ricos que Tu, pois possuímos Jesus e Tu és nossa Mãe também». A Santíssima Virgem ri-se com certeza da minha ingenuidade, e, no entanto, o que lhe digo é uma grande verdade...

Quanto teria gostado de ser sacerdote para pregar sobre a Santíssima Virgem! Uma só vez me teria bastado para dizer tudo o que penso sobre Ela. Antes de mais nada, teria feito ver que se sabe pouco da sua vida. Não se deveriam dizer coisas inverossímeis ou que não sabemos. Por exemplo, que, muito pequenina, aos três anos de idade, a Santíssima Virgem foi ao Templo para oferecer-se a Deus com ardentes sentimentos de amor, totalmente extraordinários, quando talvez tenha ido lá simplesmente para obedecer aos seus pais. E por que dizer também, ao falar das palavras proféticas de Simeão, que a Santíssima Virgem, a partir desse momento, teve constantemente diante dos olhos a paixão do Senhor? «Uma espada atravessará a tua alma», disse-lhe o ancião. Portanto, não se tratava do presente: era uma predição genérica relativa ao futuro.

Tu me fazes compreender, ó Rainha dos santos, que não me é impossível caminhar seguindo os teus passos. Fizeste-nos visível o caminho estreito que leva ao céu com a constante prática das virtudes humildes (*Poesias* 54).

Quereria cantar, Mãe, a razão por que te amo [...] e por que o pensamento da tua suma grandeza não pode inspirar temor à minha alma. Se eu te contemplasse na tua sublime glória, mais brilhante que a glória de todos os eleitos juntos, não poderia acreditar que sou tua filha. Maria, na tua presença baixaria os olhos...

Para que uma filha possa amar a sua mãe, é necessário que esta saiba chorar com ela, que com ela compartilhe penas e dores. Meditando a tua vida tal como a descreve o Evangelho, atrevo-me a olhar-te e até a aproximar-me de ti. Não me custa pensar que sou tua filha quando vejo que morres, quando vejo que sofres como eu (*Poesias* 54).

O que me custa sobremaneira, mais do que usar um instrumento de penitência (envergonha-me confessá-lo), é a recitação do terço... Reconheço que o rezo tão mal! Em vão me esforço por meditar os mistérios, não consigo fixar a atenção...

Durante muito tempo desconsolou-me esta falta de devoção, que me surpreendia porque, amando tanto a Santíssima Virgem, deveria ser-me fácil rezar em sua honra orações que tanto lhe agradam. Agora desconsolo-me menos, pois penso que a Rainha dos céus, sendo minha *Mãe*, há de ver a minha boa vontade e contentar-se com ela.

Sofri muito, muito! Mas só me queixei à Santíssima Virgem (*Últimas conversas*, 5, 9).

Não tenhas receio de amar demasiado a Santíssima Virgem; nunca a amarás o suficiente. E Jesus estará muito contente, pois a Virgem é a sua Mãe (*Carta* 92, fol. 2v).

Maria, se eu fosse a rainha do céu e tu fosses Teresa, eu quereria ser Teresa para que tu fosses a Rainha do céu (*Orações*, 21).

Direção geral
Renata Ferlin Sugai

Direção de aquisição
Hugo Langone

Produção editorial
Sandro Gomes
Juliana Amato
Gabriela Haeitmann
Ronaldo Vasconcelos
Roberto Martins

Capa
Gabriela Haeitmann

Diagramação
Sérgio Ramalho

ESTE LIVRO ACABOU DE SE IMPRIMIR
A 22 DE MAIO DE 2024,
EM PAPEL OFFSET 75 g/m².